Paroles d'un moine en chemin

Dom Jean-Pierre Longeat

Père abbé de Saint-Martin de Ligugé

Entretiens avec Monique Hébrard

Paroles d'un moine en chemin

Albin Michel

Ouvrage publié sous la direction
de Jean Mouttapa

A la communauté des moines de Saint-Martin de Ligugé,
en reconnaissance.

« Ecoute... incline l'oreille de ton cœur... »

Règle de saint Benoît,
prologue

Prologue à deux voix

Ce livre est né d'une conversation avec Marie, une amie poitevine que ses engagements amènent à travailler avec Dom Jean-Pierre Longeat, père abbé de Saint-Martin de Ligugé. Je lui faisais part de ma profonde conviction – confortée par l'expérience récente d'interviews de trentenaires demandant le baptême – que la spiritualité chrétienne, contrairement à l'opinion courante, était susceptible de combler au-delà de toute espérance les attentes contemporaines : prise en compte de l'individualité de chacun, quête relationnelle, épanouissement personnel, et même soif de liberté. En écho, Marie me conseilla de rencontrer ce père abbé. Ce que je fis quelques semaines plus tard. Une évidence s'imposa alors à moi : cet homme, que beaucoup appellent tout simplement « frère Jean-Pierre », avait quelque chose d'essentiel à dire à nos contemporains. Je lui proposai donc de faire un livre d'entretiens. Après quelques semaines de réflexion, il répondit positivement.

S'ensuivirent plusieurs séances d'enregistrement, à l'abbaye de Ligugé, au cours de l'automne 2004. Ce père abbé tellement occupé se libérait alors de toute obligation, hormis celle des offices. Seuls quelques coups de fil échappaient au filtrage : le SOS d'un ami, le message d'un musicien, un échange avec un autre père abbé... Les réponses à mes questions coulaient comme une eau tranquille, de l'abondance et de l'intelligence du cœur, avec la franchise et la simplicité d'un enfant. Sans la moindre impatience même quand une dernière question, importante, venait dix minutes avant les vêpres qui allaient clore notre journée de travail. A la fin de chaque entretien, il prenait congé en disant « merci ». J'ai réalisé ensuite qu'il s'agissait là d'un de ses mots favoris.

Au fil de ces heures d'écoute s'évanouissait en moi l'image d'Epinal du père abbé, personnage impressionnant et peu accessible. Le père abbé de Ligugé n'a rien d'imposant. Il est quasiment le plus petit de sa communauté. Il écoute plus qu'il ne parle (sauf en interview), il est attentif, convivial et désarmant de simplicité. S'évanouissait aussi la figure du moine confit en prière, caché sous un capuchon censé le protéger des agressions de la société et des autres ! Frère Jean-Pierre est un carrefour de rencontres, qu'il accueille avec enthousiasme. Tout ce qui se passe dans la société l'intéresse et il est attentif aux livres, aux films, aux courants de pensée... Mais sa vraie passion est la musique, comme le montre son engagement dans le festival « Chemins de musique », géré par une association à la création de laquelle il a activement collaboré. Ce projet, « social autant que culturel », lui tient particulièrement à cœur car, dit-il, « le langage musical contribue à construire la personne humaine et à développer du lien ». Il s'y donne à tel point que ceux et celles qui travaillent avec lui confient qu'ils ont parfois du mal à suivre cet homme « qui a cent idées à la minute » !

Mais frère Jean-Pierre est d'abord et avant tout un moine ; malheureux dès qu'il doit s'éloigner plusieurs jours de son monastère...

Résolument en prise avec la « postmodernité », il vit une spiritualité étrangère à tout effluve de culpabilisation et de dolorisme, tournée vers l'accueil de la Vie et de l'Amour, dans le respect des individus et de leur liberté. Sa théologie jaillit des profondeurs d'un cœur et d'une intelligence habités par la Parole, et de l'unité qu'il vit entre action et contemplation ; de son enracinement à la fois dans une incarnation à la suite de Jésus et sa vision eschatologique du Christ.

C'est la double écoute de Dieu et des hommes qui, à travers sa sensibilité aiguë, lui donne cette compréhension vive et fine de la société et de l'Eglise. Il porte la vision d'une Eglise appelée à se retisser non pas à coups de réformes volontaristes mais dans le creuset d'une expérience personnelle et communautaire du Christ. Cette Eglise communautaire qui lui est chère est bien celle de Vatican II : surtout pas une institution hiérarchique mais une communion, dans une égalité à la fois fondamentale et différenciée des sexes, des charismes, des états de vie, des ministères et des vocations.

Dans ma vie de journaliste, j'ai fait des centaines d'interviews de personnes les plus diverses, célèbres ou inconnues. Toutes restent dans ma mémoire comme autant de trésors, tant il est vrai que l'être humain est un puits de richesses si l'on sait l'inviter à dire le meilleur de lui-même. Chacune de mes grandes enquêtes pour des livres (sur des thèmes comme les charismatiques, Dieu et les femmes, les synodes diocésains, les chercheurs du Nouvel Age, les baptisés adultes, etc.) a été une étape forte de ma vie. J'ai expérimenté chaque fois le mystère de la communion des êtres où les dons les plus intimes et secrets de chacun font grandir ceux qui les partagent. Mais je n'avais jamais fait l'expérience de dizaines d'heures d'écoute attentive d'une même personne.

Paroles d'un moine en chemin

Cette aventure a été pour moi une expérience spirituelle profonde, dans le sillage d'un homme habité par une vision et une Vie venant d'ailleurs.

Puisse le lecteur en partager quelque chose !

Merci à Marie qui m'a fait découvrir cet homme hors du commun.

Merci à frère Jean-Pierre pour son entière confiance tout au long de ce travail.

Monique Hébrard

La tradition monastique précise qu'un moine ne parlera que lorsqu'on l'interroge. Cette pratique de la retenue dans les paroles m'a fait beaucoup hésiter à accepter le projet de ce livre. Et puis je me suis dit que cette proposition ne m'éloignait guère de la prescription bénédictine : j'étais interrogé, il me fallait répondre. Si je l'ai mal fait, que l'on veuille bien me pardonner.

Ces longues heures d'interview, tellement inhabituelles dans la vie d'un moine, ont été pour moi importantes. Elles m'ont permis de dire objectivement une parole sincère sur un parcours inévitablement multiple et complexe. Et je ressors de cette expérience comme renouvelé en profondeur. C'est pourquoi je voudrais adresser ici un immense remerciement à Monique Hébrard qui, remplie d'attention, sut toujours trouver la question juste pour aller plus loin dans l'échange.

Nous avons abordé des sujets que j'aurais spontanément laissés de côté tant ils me semblaient difficiles à évoquer : je pense au chapitre sur le mal, en tout premier lieu ; mais je ne regrette pas d'avoir tenté l'aventure car ces entretiens, sans apporter de réponses décisives, sont au moins porteurs de convictions importantes.

Il ressort de tout cet ensemble une grande soif de vie et d'amour. C'est bien de cela que l'on a le plus besoin. Nous souffrons toujours des obstacles qui se dressent face à la circulation libre de la relation entre les hommes. Le Christ nous dit combien cette relation est possible au-delà de tous les doutes, de toutes les fautes et de toutes les incertitudes qu'elle rencontre.

Ces quelques pages sont écrites en forme de merci à l'auteur de la Vie et à tous ceux qui, par leur sincérité et leur amour, lui donnent un écho en ce monde.

Frère Jean-Pierre

CHAPITRE 1

Que vont-ils chercher dans les monastères ?

Monique Hébrard : Malgré le discrédit qui frappe aujourd'hui l'Eglise, la vie monastique fascine nos contemporains et nombreux sont ceux qui fréquentent les monastères. Que viennent-ils donc y chercher ?

Frère Jean-Pierre : Sans doute le cadre silencieux, reposant et paisible qu'offre un monastère au milieu d'un monde très agité. En outre, ils manifestent souvent un énorme besoin d'être reconnus. C'est pourquoi il est important pour nous d'accorder une attention particulière à chacun en respectant son désir profond. Par notre prière régulière et une ouverture au partage, nous voulons témoigner de la force concrète de l'amour dans la vie de tous et partager ensemble la recherche de la paix.

Quelles valeurs nos contemporains vous semblent-ils apprécier le plus dans la vie monastique ?

Celles qui font le plus souvent défaut dans la société. J'en soulignerai essentiellement quatre.

Tout d'abord, le témoignage de la vie communautaire, alors que la société confine souvent les uns et les autres dans un individualisme inquiétant. L'individu est roi et, de ce fait, le tissu social est éprouvé : le milieu professionnel est très dur, le réseau associatif riche mais de portée communautaire limitée et la cohérence de la famille très perturbée... J'entends souvent : « Quand on vous voit tous rassemblés au chœur, on se demande : comment est-ce possible de vivre ainsi durant toute une vie en bonne entente avec les mêmes personnes ? » Le partage de nos temps de prière à l'église joue certainement un rôle important dans la transmission des valeurs qui fondent notre vie.

Deuxièmement, un espace de stabilité. Nos contemporains souffrent souvent, et par la force des choses, d'une mobilité qui peut être source de profonde déstabilisation. Par ailleurs, le développement de l'internet fait souvent habiter un espace virtuel sans cesse mouvant et assez décalé par rapport au lieu géographique où l'on vit. Un moine reste dans le même monastère durant toute son existence, sans chercher à tout prix le dépaysement mental. Nos hôtes sont souvent heureux et réconfortés de retrouver tel ou tel moine et la communauté dans son ensemble à la même place d'année en année : c'est un repère important.

Ensuite, le témoignage d'une lignée de mémoire, dans un contexte où la perception historique est très chahutée par la rapidité des changements tant au niveau des faits que des mentalités. Grâce à notre longue tradition nous faisons le lien entre des siècles fort différents. Cela touche beaucoup les chrétiens qui nous visitent mais aussi des non-croyants et des croyants d'autres religions car permanence et mémoire sont deux traits profondément inscrits dans l'expérience humaine et religieuse.

Enfin, nous sommes attendus dans le domaine de l'aspiration spirituelle telle qu'elle se manifeste aujourd'hui, souvent en dehors d'un cadre institutionnel, avec une priorité donnée à la recherche de l'harmonie personnelle. Une parole adaptée doit pouvoir être échangée dans ce domaine afin que chacun trouve sa voie dans un sain équilibre.

PDG et SDF à la même table

Quels types de personnes ou de groupes viennent à Ligugé ?

On peut vraiment dire que nous touchons toutes les catégories de personnes présentes dans nos sociétés. Il y a des chrétiens engagés qui viennent passer quelques jours de ressourcement, des prêtres, des diacres ou même des évêques qui font retraite, des religieux ou des religieuses, des groupes d'aumônerie ou des mouvements de jeunes, etc. Mais nous accueillons aussi des personnes qui ne partagent pas forcément la foi chrétienne ou qui la redécouvrent après des années d'éloignement. Il arrive aussi que certains viennent chez nous en raison d'une épreuve qu'ils traversent, familiale, professionnelle, personnelle : ils souhaitent un peu de silence, de recul, de discernement. Il y a aussi les personnes qui souffrent de dépression ou de désespérance. Nous accueillons enfin des sans-domicile-fixe, des routards ainsi que des réfugiés qui nous sont confiés pour un temps par telle ou telle association locale à but social.

Quand un groupe se réunit à l'abbaye pour une journée ou un séminaire de travail, leur choix est-il dicté par la proximité, le confort du lieu et le côté pratique, ou bien y a-t-il une autre attente ?

En plus des groupes de jeunes, du troisième âge, des communautés et des mouvements chrétiens ou encore des touristes, il nous arrive en effet de recevoir certains groupes spécialisés : chefs d'entreprise, médecins, artistes... Ils ne choisissent pas le monastère pour une raison pratique. C'est en fait pour eux l'occasion de trouver des interlocuteurs différents de ceux qu'ils côtoient ordinairement. Par ailleurs la sagesse exprimée dans la Règle de saint Benoît ne les laisse pas indifférents. Beaucoup aimeraient pouvoir en faire une certaine relecture avec nous pour mieux répondre à leurs propres questions. Il m'est arrivé de participer à une réunion de chefs d'entreprise au Futuroscope. Le sujet de mon intervention était le suivant : « Management et Règle de saint Benoît ». Beaucoup de ces responsables n'en revenaient pas de sentir toute la richesse et la pertinence de cet enseignement dont la plupart n'avaient jamais entendu parler. Chez un grand nombre, il y a l'attente d'une réflexion un peu approfondie, d'un recul aussi avec une dimension d'intériorité. Mais nous aurons sûrement l'occasion de revenir sur l'enseignement de la Règle.

Quand on garde sa porte ouverte, n'est-on pas submergé par des gens un peu perturbés ou déséquilibrés ?

Il est évident qu'un milieu stable comme le nôtre peut attirer beaucoup de gens malmenés par la vie. C'est souvent l'occasion d'interrogations partagées, avec la richesse que cela comporte mais aussi quelques désagréments pour le frère hôtelier ou pour les autres hôtes. En fait, il est toujours très impressionnant de voir la diversité des personnes qui prennent place à la table de l'hôtellerie. Un PDG peut y côtoyer un SDF ; un professeur d'université peut avoisiner un artiste particulièrement inclassable ; un monsieur ou une dame d'un certain âge peuvent y rencontrer un jeune dont les comportements seront pour eux très déconcertants. Mais au bout du compte, toutes ces personnes accueillies s'acceptent et peuvent vivre une réelle fraternité. C'est une chance pour tous de pouvoir s'accueillir ainsi dans la diversité.

Concrètement, comment se passe l'accueil à l'hôtellerie ?

Tout le monde peut être reçu à l'hôtellerie du monastère. Nous avons plusieurs bâtiments d'accueil qui mêlent plus ou moins les hôtes aux rythmes de la communauté. Seuls les hommes peuvent prendre leur repas au réfectoire des moines. Certains groupes s'organisent par eux-mêmes. Des hôtes participent à tous nos temps de prière ; d'autres restent plus à distance.

Il me semble que le trait le plus spécifique de l'accueil dans nos monastères aujourd'hui est la grande latitude que nous laissons à chacun pour recevoir ce dont il a besoin, à la mesure de ce qu'il en exprime. Si les uns souhaitent rester quelques jours en silence, c'est possible. S'ils veulent rencontrer un moine ou même être accompagnés par lui pendant leur séjour, on essaiera de répondre à leur souhait. Si d'autres veulent approfondir la Parole de Dieu, on entendra leurs questions et un partage pourra s'instaurer. Je crois que cette manière de faire est utile dans le monde d'aujourd'hui : il s'agit d'accueillir la demande dans le respect de chacun plutôt que de rajouter des propositions venant de notre part ; car une trop grande abondance de propositions nuit parfois à la perception de l'essentiel. A force d'en faire et d'en dire trop, on finit par décrédibiliser les paroles prononcées et les gestes posés. Un cadre porteur pour un partage existentiel, dans lequel pour nous, chrétiens, le Christ est le maître-mot, voilà ce que l'on peut offrir aujourd'hui de plus caractéristique.

La relégation des femmes dans un lieu à part pour les repas me semble d'un archaïsme prêtant à sourire. Une table de femmes retraitantes dans le réfectoire des moines serait-elle une difficulté pour la vie monastique ?

Je pense que nous sommes marqués par des coutumes liées à notre histoire. L'accès à la clôture monastique s'est beaucoup assoupli au cours de ces dernières décennies. D'autres congrégations que la nôtre pratiquent l'accueil des hommes et des femmes au réfectoire des moines. Je ne peux vous dire ce qu'il en sera pour nous à l'avenir, car cela ne dépend pas uniquement de moi. Lorsque je vais chez des moniales et que je prends mes repas à l'hôtellerie, je n'en suis pas gêné. Il me semble cependant très important que nous puissions proposer une possibilité de repas en silence à l'hôtellerie pour ceux qui le souhaitent, comme cela se pratique dans beaucoup de monastères.

Les moines font-ils tous de l'accompagnement spirituel ?

Non, quelques-uns seulement pratiquent ce genre de service en rapport étroit avec le témoignage de la communauté et en accord avec le père abbé. L'accompagnement spirituel tient une place importante dans la vie des monastères et dans l'emploi du temps des moines qui en ont la charge, car les demandes sont de plus en plus nombreuses. Tous les moines n'exercent pas ce service, car c'est un don venant de Dieu lié à la personnalité et à l'appel de chacun. Bien sûr une formation à l'accompagnement est utile, mais elle n'est pas suffisante, il faut aussi une authentique vie de foi qui permette d'aller le plus profondément possible dans la rencontre avec Dieu afin de répondre à son appel. Il n'est pas indispensable d'être prêtre pour cela. Les premiers moines n'étaient pas nécessairement prêtres ; saint Benoît lui-même ne l'était pas. Pourtant ils ont exercé abondamment le charisme de l'accompagnement.

Quand le père abbé lave les mains des hôtes

L'hôtelier est-il seul à porter la charge de l'accueil ?

Il est en première ligne. J'ai moi-même été en charge de l'hôtellerie du monastère pendant quelques années. Cette fonction m'a fortement mobilisé. J'ai eu un réel bonheur à l'exercer même si elle fut source de grande fatigue. Nous accueillons en moyenne cinquante mille visiteurs par an et quelque trois mille personnes séjournent chaque année dans notre hôtellerie, soit individuellement, soit en groupes.

L'accueil des visiteurs de passage relève davantage du service de la porterie et pour une part également du magasin situé à l'entrée du monastère. Nous proposons à ces personnes un musée d'histoire monastique dans lequel elles peuvent découvrir aussi nos activités et différents aspects de notre vie. Une galerie aménagée à cette intention présente les émaux d'art fabriqués au monastère. Le site archéologique se visite également : il nous met en présence des premiers moments d'une riche histoire de seize siècles depuis la fondation du monastère par saint Martin en 360. Les offices dans notre église sont ouverts à tous et nombreux sont ceux qui y participent. A l'occasion de la visite du musée ou des fouilles, les gens posent de multiples questions qui nous permettent d'engager un dialogue et de rappeler quelques repères en matière d'histoire et de culture chrétiennes, souvent oubliés par un grand nombre de nos contemporains.

Les monastères ont-ils toujours pratiqué l'accueil au cours de l'histoire ?

La Règle de saint Benoît comporte deux chapitres sur l'accueil (53 et 66). Cette dimension fait vraiment partie de la vocation des monastères comme d'ailleurs de toute communauté chrétienne. Bien sûr, selon les temps et les lieux, des formes diverses ont existé, mais les abbayes et prieurés bénédictins ont toujours été ouverts à ce partage. Saint Benoît précise même que dans les monastères, les hôtes ayant coutume d'arriver à toute heure, il faudra s'organiser de telle manière que la vie de la communauté n'en soit pas trop perturbée. La Règle précise donc qu'un frère devra toujours être prêt à répondre à celui qui frappe à la porte. L'hôte sera accueilli comme le Christ en personne. Le chapitre 53 indique un certain nombre de gestes pour manifester cela symboliquement : à l'arrivée des hôtes, l'abbé et la communauté les salueront, ils écouteront ensemble la Parole de Dieu ; ils seront conduits à la prière ; on leur lavera les mains (et, à cette époque, aussi les pieds après les fatigues du voyage). Tout cela tend à signifier que les hôtes sont accueillis comme membres du Christ par le Christ Tête. C'est en effet le Christ qui est accueilli, mais c'est aussi le Christ qui, à travers l'abbé et sa communauté, accueille, invite à la prière, lave les pieds de ses disciples, etc. Aujourd'hui, les prescriptions de la Règle en ce domaine ont été adaptées. A Ligugé, nous avons conservé le lavement des mains à l'entrée du réfectoire. Souvent, lorsque je fais ce geste, plusieurs hôtes en sont profondément touchés. Ils s'en souviennent bien des années plus tard.

Apprendre à prier

Beaucoup de gens veulent apprendre à prier. Quelles « méthodes » peuvent les y aider ?

Plus qu'une méthode théorique, ce qui compte dans la prière, c'est la mise en œuvre, le partage d'expérience et le discernement dans l'accompagnement spirituel. Il est important de pouvoir approfondir ses découvertes et ses difficultés avec quelqu'un d'autre et de ne pas faire n'importe quoi au gré de ses propres intuitions.

Les Pères du monachisme disent que la prière est ce qu'il y a de plus difficile dans l'activité humaine. Ils en parlent avec une extrême prudence et beaucoup de tact, exemples à l'appui. Il existe cependant un courant néoplatonicien, auquel ont adhéré un certain nombre de moines des premières générations, qui développe abondamment les explications sur les différentes dimensions de la prière et sur les éléments qui la composent : on trouverait cela chez Evagre, par exemple, dont le traité sur l'oraison passe en revue les rapports entre les différents aspects de la prière. Cependant cet enseignement sur la prière est complété par un autre sur la *praxis*, c'est-à-dire sur le travail de la conversion, le travail sur soi-même. C'est à ce travail de conversion que saint Benoît s'intéresse surtout dans sa Règle. Il conseille à ceux qui veulent aller plus loin dans la prière de lire les grands spirituels du désert comme Jean Cassien ou Basile, et de s'inspirer de leur enseignement. Il n'y a donc pas de vraie prière, ni à plus forte raison de méthode de prière sans une attention préalable à la conversion de son comportement. J'ai lu la vie d'un vieux moine du mont Athos, mort dans les années 90, Papa Ephrem. Son enseignement sur la prière est assez succinct alors qu'il était lui-même un des plus grands priants de notre temps. Par contre il développe abondamment tout ce qui se rapporte à la vie de conversion. La prière liturgique, la prière des psaumes font d'ailleurs partie de ce travail initial sur soi-même. La prière de communion avec Dieu est un don et non une conquête. Cette prière ne s'explique guère, on ne peut l'enseigner facilement, elle se vit, c'est là toute sa beauté.

Pouvez-vous être plus précis : quels conseils donneriez-vous à quelqu'un qui veut apprendre à prier ?

Il est vrai que la prière, malgré tout, n'advient pas en nous comme par miracle ! Elle est le fruit d'un cheminement. Je conseillerais à celui qui veut prier de ne surtout pas se tâter le « pouls spirituel » mais d'arrêter son attention sur la Parole de Dieu qui est un point de départ objectif, autre que notre pensée propre. On peut aussi bénéficier du terreau liturgique qui met en condition pour recevoir la grâce de Dieu en se situant au carrefour de la vie de l'Eglise et de l'expérience subjective. On peut lire un verset de la Bible, le ruminer, le remâcher, l'avaler, le respirer, et lui laisser faire son œuvre. On peut se laisser inspirer par une prière connue. Dire et redire inlassablement « Notre Père » ou simplement « Jésus ». Et ensuite entrer dans un silence de communion, hors de toute pensée, de toute volonté, de toute perspective réductrice de Dieu. Qu'on laisse donc la liberté à Dieu d'être Dieu comme Il est. A force d'être dans cette situation d'ouverture et d'accueil intérieurs, il arrive que l'esprit bascule dans un état qui dépasse l'analyse rationnelle ; un état où la communion se creuse avec une réalité qui nous dépasse, où Jésus, le Christ, est bien présent. On touche alors à ce que l'on appelle « oraison ». Au fond c'est très simple. Il suffit de se rendre disponible à une présence.

C'est la définition de l'oraison ?

Je ne sais pas si l'on peut parler de définition. En tout cas, pour ce qui me concerne, je dirais que l'oraison est une disposition de tout l'être à pouvoir laisser circuler le don de l'Essentiel, de l'Unique.

Et s'il ne se passe rien malgré la méditation de l'Ecriture ou après l'introduction à la prière par une belle liturgie ?

Il ne faut pas s'en affoler. Il se passe toujours quelque chose. Ne serait-ce que dans le fait d'être là. « Ton désir, voilà ta prière », dit saint Augustin. Cependant, deux secondes de désir ne suffisent pas à produire une authentique prière ! Cette volonté doit s'inscrire dans le long terme.

Laissons les balbutiements de notre désir s'exprimer devant Dieu, et recueillons au-delà de ces balbutiements ce qui nous est donné. Dans le silence et dans la patience.

Vous notez l'importance du silence. Avez-vous au monastère un petit oratoire cocon, bien insonorisé et préservé ?

Non. Quand je suis entré au monastère, cela m'a manqué. Durant mon noviciat, nous avions aménagé une chambre en oratoire, mais finalement l'endroit ne convenait pas très bien, et nous avons renoncé. Vous parlez d'un « cocon » bien isolé, où l'on se sentirait un peu comme dans le ventre de sa mère. Faut-il jouer cette carte-là ? Par ailleurs, nous avons nos cellules, nos chambres, comme lieu de silence. Cependant, à l'hôtellerie, il y a un oratoire dans un lieu très symbolique puisque c'est une ancienne cave de jardin, dans un endroit très recueilli. Je crois qu'il faut prendre en compte cette demande souvent exprimée par nos hôtes, mais il faut l'accompagner et discerner ce qu'elle cache. Cela dit, nous recevons tant de personnes traumatisées par la vie et par le désordre ambiant qu'il est important de leur offrir des lieux où elles puissent trouver un peu de paix et qui les aident à se reconstruire sainement. Ce que nous avons de mieux à leur offrir, c'est une rencontre concrète avec le Christ, à travers les différentes médiations humaines dont nous disposons. Ainsi, dans les rencontres pour les jeunes que nous organisons, et auxquelles nous avons donné le titre très large de « L'aventure spirituelle », le dialogue et le témoignage de la vie avec le Christ occupent une place centrale.

Une rencontre plus que des techniques

Si je vous comprends bien, il ne faut pas venir chercher dans les monastères des techniques de méditation, comme on peut le proposer dans certains stages influencés par le Nouvel Age ?

Si on commence par les techniques, on met en quelque sorte la charrue avant les bœufs. L'essentiel c'est de pouvoir engager une rencontre avec le Christ. La rencontre du Christ passe souvent par une rencontre humaine, une rencontre de fraternité. C'est pourquoi le plus important dans l'annonce du Christ, c'est le témoignage de communautés vivantes, fraternelles, habitées par une réalité plus forte qu'elles-mêmes et susceptibles, dans le dialogue, d'aider ceux qui se posent des questions à trouver des éléments de réponse. L'important est de savoir écouter et de rester discret. Saint Benoît précise : « On ouvrira son cœur à des personnes qui sont en mesure de guérir leurs propres blessures et celles des autres sans les découvrir ni les divulguer » (Règle de saint Benoît, chap. 46).

Dans les milieux qui se réclament de la quête spirituelle, on présente volontiers la prière comme une aide pour vivre, qui fait du bien, une sorte de discipline pour aller vers un mieux-être. Vous disiez vous-même que vous ne refusiez pas cette approche. La prière peut-elle « faire du bien » ?

Elle ne peut pas faire de mal ! Cependant le but de la prière n'est pas l'acquisition d'un bien-être psychologique. On attend toujours un apaisement, la disparition de ses problèmes, mais la vie spirituelle n'a jamais rien eu à voir avec cela même si elle le permet parfois. La prière n'est pas la recherche d'un moment de bonheur sur le mode du confort. Non, elle est profondément réaliste. Elle permet de percevoir d'une manière juste les choses de la vie et de les affronter. Autant il peut être bon de recourir à quelques aspects de l'enseignement traditionnel pour y voir un peu plus clair sur la manière de prier, autant il ne faudrait pas en rester là car on risquerait de concevoir la prière d'une manière trop idéalisée et peut-être de manquer un rendez-vous avec l'essentiel, c'est-à-dire la rencontre de Dieu par la médiation concrète des autres avec toutes leurs aspérités et leur vitalité. Le rôle des moines n'est sûrement pas de cultiver l'intériorité pour elle-même. En fait, suivre le Christ c'est marcher avec lui jusqu'à Jérusalem, au cœur d'une confrontation extrême, pour que la vérité de l'amour soit manifestée. Cela ne peut pas être un parcours paisible ! Si les personnes venant au monastère cherchent une quelconque évasion mystique dans la prière, elles vont être déçues. Lorsqu'on fait retraite dans un monastère, il faut savoir que l'on va rapidement se trouver dans la position de celui que l'on jette à l'eau sans qu'il sache nager. Mais près de la piscine se trouve celui qui évite les déroutes du tentateur. Alors, petit à petit, on apprend à nager et on finit même par y goûter un vrai bonheur. Il m'est arrivé de voir des personnes qui, après quelques jours à l'hôtellerie, repartaient chez elles totalement renouvelées, souvent guéries de maux très profonds. Je pense à cette jeune femme très culpabilisée par une éducation extrêmement moralisante : au bout d'un premier week-end de retraite, elle se sentait déjà allégée d'un énorme poids ; elle revint plusieurs fois et vit maintenant dans une belle et forte perspective. Je me souviens aussi de cet homme perturbé à sa sortie de prison, qui fit l'expérience d'une vraie confiance dans le cadre de l'hôtellerie. Je crois qu'il y a là une mission très essentielle dans laquelle nous nous engageons pastoralement et qui réclame notre énergie.

CHAPITRE 2

Comment et pourquoi devient-on moine ?

Au 21e siècle, qu'est-ce qui pousse un jeune à entrer au monastère ?

En trente ans, depuis mon entrée au monastère, les choses ont beaucoup évolué. Par le passé, les candidats à la vie monastique étaient souvent très jeunes, alors que ceux qui se présentent chez nous actuellement ont entre vingt-cinq et quarante ans. Pour ce qui est des motivations, tous les cas de figure sont possibles, mais je remarque que cela fonctionne souvent par déclic, à l'occasion d'un événement perçu comme un appel pressant à orienter sa vie différemment. Il peut s'agir d'un événement religieux, mais aussi d'événements professionnels ou sociaux. Beaucoup font ce type de réflexion après une expérience professionnelle parfois foisonnante : « Quel est le sens de ma vie ? Je ressens un appel intérieur, comment y répondre ? » C'est ainsi que peut venir la question de la vie monastique. Le contact avec une communauté pourra être alors déterminant.

Ceux qui se présentent au monastère ne cherchent-ils pas à fuir le monde pour trouver un lieu de paix ?

Ceux qui y entrent avec cette perspective ne restent pas, car le monastère n'est pas ce lieu de confort humain et spirituel qu'ils avaient pu imaginer. Ils s'y trouvent au contraire confrontés à leur faiblesse, à leurs fragilités, et à celles des autres. Le monastère est un lieu de confrontation radicale, à soi-même et aux autres.

Il y a aujourd'hui chez certains jeunes en mal d'identité une recherche de repères forts. Quand ils entrent au monastère, n'attendent-ils pas une règle rigide ?

Cela peut arriver, mais faut-il y céder ? Beaucoup de repères ne sont jamais totalement fixes ; ils évoluent d'une époque à l'autre. Ce qui importe, c'est d'acquérir des racines à partir desquelles la croissance peut s'opérer dans la liberté, une liberté personnelle accompagnée et assumée. Des repères trop plaqués peuvent rendre les jeunes qui les reçoivent encore plus fragiles par la suite. Une identité se construit essentiellement sur la possibilité de croître en s'appuyant sur des fondements auxquels on adhère de plein gré. Dans les turbulences que nous allons avoir à traverser au cœur de la société, il faudra des adultes capables de se déterminer lucidement face à toutes sortes d'illusions. Telle est, me semble-t-il, la grande nécessité à laquelle on ne peut se soustraire aujourd'hui.

Entrer et y rester

On dit que beaucoup de jeunes entrent au monastère et en ressortent au bout de peu de temps, tout comme dans les séminaires.

Sur la cinquantaine de personnes que j'ai vu tenter l'expérience monastique à Ligugé, plus de la moitié n'a pas poursuivi ; ce qui d'ailleurs est la règle habituelle. Il s'agit là d'un phénomène qui dépasse la vie monastique ; il participe d'un état d'esprit général dans la société. A partir du moment où l'individu se considère comme autosuffisant, il cherche la vérité par lui-même et il est tout à fait en mesure de dire à une institution après quelque temps d'expérience : « Vous ne m'intéressez plus, vous ne me concernez plus. Je me sens disposé à faire autre chose pour une plus grande authenticité. » Je me souviens d'un moine qui m'a dit un jour : « Je pars pour mieux répondre à l'appel du Christ... »

Et vous avez reçu cette parole positivement ?

Pour moi, l'engagement d'une parole donnée est fondamental, et je suis très malheureux quand je constate que l'on ne peut pas s'y tenir. Mais il faut bien reconnaître que, dans un certain nombre de cas, cette fidélité est difficile à conserver en raison de données psychologiques, sans aucune mauvaise volonté et même dans une grande authenticité.

Une fois entré au monastère, personne n'échappe au

choc de la réalité. Avant son entrée, le candidat fréquente l'abbaye durant quelques séjours à l'hôtellerie. Tout se passe très bien, le contact est bon. Il entre et tout va pour le mieux pendant un certain temps, puis il découvre les membres de la communauté avec leurs blessures et leurs travers. A ce stade, il arrive que l'on ressente une grande déception à l'égard de soi et des autres, et peut-être même à l'égard de Dieu ou de l'image qu'on en avait. On se découvre soi-même avec tel trait de caractère un peu marqué auquel auparavant on parvenait à échapper par le divertissement. Au monastère, on entre dans le réalisme, on aborde un rapport à l'existence qui est celui de la confrontation au réel dans toute son acuité. Impossible de se raconter des histoires à soi-même, ou de se faire passer pour ce que l'on n'est pas ! C'est une épreuve qui demande beaucoup de patience, mais qui permettra, si l'on persévère, l'émergence de notre vraie nature.

Une épreuve qui peut aller jusqu'à faire douter de Dieu ?

Parfois, on se pose effectivement des questions radicales : Comment tout cela est-il possible ? Qui donc est Dieu ? Pourquoi m'appelle-t-Il, moi, aujourd'hui ?

Quand je suis entré au monastère, j'ai vécu moi aussi une période difficile : beaucoup de personnes que j'aimais ne comprenaient pas mon choix et ce fut une souffrance pour eux et pour moi. Je me disais que Dieu ne pouvait pas demander une chose pareille. Je rendais Dieu responsable de cette incompréhension entre ceux que j'aimais et moi-même. Cette représentation de Dieu n'était pas juste. D'elle-même, elle a fini par disparaître. Mais ce fut long : la modification de nos images de Dieu ne se fait que lentement. Cela s'est apaisé pour moi quand mes parents sont venus à Ligugé et que nos relations en ont été renouvelées. Je me suis dit après coup que Dieu m'avait conduit sur un chemin que j'ignorais, et que les images que l'on a de Lui ne pouvaient suffire pour Le connaître. Vous savez, des gens portent l'image d'un Dieu qui veut des cassures, et qui demanderait que l'on soit prêt à tuer père et mère pour suivre le Christ. On croit lire cela dans l'Evangile : « Celui qui ne hait pas son père et sa mère n'est pas digne de moi... » En fait le verbe « haïr » employé ici traduit un verbe grec qui signifie non pas haïr mais établir une hiérarchie dans les relations : je suis appelé à ne rien préférer au Christ ; l'amour de mon père et de ma mère vient en second lieu mais il n'est ni absent ni minimisé pour autant.

Il faut avoir un vrai appel de Dieu pour rester au monastère. Mais comment être sûr qu'il s'agit à proprement parler d'une vocation ?

Je pense que Dieu ne nous appelle qu'à une seule chose : vivre le commandement de l'amour. Il n'y a pas d'autre vocation que celle-là. Mais Dieu nous a faits avec des tempéraments très divers. C'est à chacun de bien mesurer, aux différents carrefours de sa vie, avec l'accompagnement de la Providence, les choix qui lui permettront d'aller un peu plus loin dans l'expérience de ce commandement. Les carrefours ne sont pas innocents, Dieu y est présent, mais il n'y a de sa part aucune tyrannie spirituelle qui prétendrait : A droite, tu vis, à gauche, tu meurs ! D'abord, que savons-nous de Dieu ? La réalité de Dieu est toujours au-delà de nos pensées. Nous n'avons que deux certitudes : l'une repose sur la constatation que nous faisons parfois des expériences qui dépassent la logique de l'immédiateté, l'autre est fondée sur ce que le Christ nous dit de son Père.

L'enfance sereine d'un futur père abbé

Et vous, père abbé, comment êtes-vous devenu moine ? Sur un coup de foudre ou après un long cheminement ?

C'est un long chemin qui commence à la naissance et qui ne s'arrête plus jusqu'à la mort, et même au-delà, je pense. Rassurez-vous, on ne naît pas moine, mais il y a un certain nombre de rencontres, qui sont autant de carrefours, de circonstances, dans lesquelles on est appelé à donner une réponse, à poser un choix. Il est clair que tout au long de mon enfance et de mon adolescence ces points de rencontre se sont présentés comme des moments fondamentaux qui ont toujours été liés à la figure du Christ. Je ne suis pas devenu moine pour être moine, mais pour être avec le Christ selon les caractéristiques de la vie monastique.

Quelles ont été les grandes étapes de ce choix ?

Elles ont été multiples dès l'enfance. J'ai eu une vie très riche et je pourrais dire que chaque seconde fut un point de rencontre avec quelque chose de neuf et de fort, et l'occasion d'un choix décisif. Cela s'est exprimé surtout à travers des personnes qui pour moi ont été des visages du Christ.

Nous vivions près de Limoges, dans un endroit merveilleux, au bord d'une rivière, dans un ancien moulin avec des grandes meules de pierre qui broyaient autrefois le kaolin pour faire la porcelaine. Mon grand-père paternel, qui travaillait dans les métiers du bois, avait acheté cette propriété dans les années 20, pour en faire une scierie. Mon père était artisan du bois et ma mère travaillait dans une banque. Ma famille avait à l'égard de la religion un mélange de bienveillance et d'investissement distancié. Mon père, d'origine protestante, ne pratiquait pas, mais il ne s'est jamais opposé à la formation religieuse de ses enfants ; il pensait même qu'elle pouvait les aider à devenir meilleurs. Ma mère est pratiquante avec fidélité et détermination, et un sens profond du devoir. Mais comme elle allait à la messe très tôt le matin, je ne l'accompagnais pas.

La première rencontre qui m'a marqué, vers cinq ou six ans, est celle d'une vieille dame de notre entourage qui était très attachée aux choses de la religion. Le dimanche matin je lui disais : « Mets ta soutane (car elle s'habillait en noir pour la circonstance) et on va à la messe. » Cette femme fut un premier point de rencontre.

J'étais un petit garçon très vivant mais aussi très calme et j'étais heureux dans ce monde paisible, avec cette personne qui prenait du temps pour m'écouter. Mais il y avait surtout ce moment de célébration à l'église : je m'y sentais attiré autant par des choses mineures comme le soutien musical du vieil harmonium, que par des choses majeures comme ce qui se passait à l'autel.

Je garde un souvenir ému de mon enfance, dans un milieu familial équilibré, avec un frère plus âgé que moi et des cousins vivant dans le voisinage. Une partie de la famille était engagée syndicalement, parfois politiquement et cela m'a aussi beaucoup marqué. Ce témoignage ne me rapprochait guère du religieux, mais m'ouvrait une autre perspective à laquelle je n'étais pas insensible.

Le moulin était un lieu fascinant avec mille jeux possibles : construire des cabanes, se jeter dans les caves de sciure, pécher dans la rivière, s'y baigner et organiser des explorations de toutes sortes. Dans ce cadre-là, j'ai eu beaucoup d'amis qui ont joué un très grand rôle dans la découverte d'une présence. J'ai vraiment goûté une présence du Christ dans l'amitié. Cette amitié, reçue et partagée, était comme un regard concret du Christ posé sur moi et sur les autres. Il y a des camarades que j'ai connus au CE2 et avec qui je suis resté en amitié jusqu'à aujourd'hui.

Vous sentiez donc dans l'amitié une présence, je ne sais pas si je dois dire spirituelle, en tout cas un peu mystérieuse...

Il y a en amitié des moments tels que l'on se demande ce qui se passe. Un peu comme Jacob qui s'écrie à Béthel, après le songe de la nuit : « Dieu était là et je ne le savais pas. » Je me souviens de certains moments de relecture des événements, quand j'étais seul, le soir, dans ma chambre, où je me demandais : « Qu'est-ce qui fait que je suis heureux ? » Ce n'était pas seulement dû au fait que je m'entende bien avec quelqu'un. Mais à l'intérieur de cette entente se révélait quelque chose de plus grand que nous. Et inversement, dans le malheur, la difficulté de la relation me faisait éprouver un mal-être extrêmement vif. Même les petites incompréhensions et les querelles avec mon frère représentaient pour moi un problème existentiel.

La relation avec les autres était déjà pour vous un chemin de relation au Christ ?

Je ne l'aurais pas exprimé comme cela à l'époque, mais je suis persuadé que ces contacts humains posaient en effet des bases de rencontre avec le Christ. Même des amitiés dont on sourit après coup, comme celle, bien innocente, d'une petite copine à l'âge de six ans. C'est tellement extraordinaire un enfant qui peut dire : « C'est ma copine », ou « C'est quelqu'un que j'aime bien ». Cela aussi est de l'ordre de l'avènement d'une présence. Mystère de la rencontre des êtres !

Un adolescent engagé

Comment avez-vous vécu votre scolarité ? Mai 68 ne fut-il pas un choc pour votre foi ?

J'ai toujours beaucoup reçu ; l'expérience de l'école a été magnifique pour moi. Nos professeurs étaient étonnants et avaient vraiment à cœur de nous faire avancer. Ils étaient très engagés dans l'école laïque. Je me souviens qu'à la remise des prix, en fin d'année, nous chantions : « Honneur et gloire à l'école laïque qui nous apprit à penser librement. »

En 1968, j'étais en troisième à Limoges et je peux dire que, malgré mon jeune âge, j'ai « fait » Mai 68 à ma manière. Le collège, qui était très créatif, a saisi cette occasion pour proposer une réflexion collective. Avec les professeurs, les délégués de classe et les parents d'élèves, nous avons organisé des séances de travail, et avons fait un certain nombre de propositions. Le principal a pensé qu'il serait intéressant de mettre cette réflexion sous l'égide du Club Unesco dont j'étais alors le président. J'ai donc été amené à diriger ces séances de travail.

Sans déclarer la guerre aux autorités ?

On sentait bien qu'il y avait, au sein du mouvement étudiant, des tendances politiques qui allaient en ce sens, mais elles nous semblaient bien lointaines. Les professeurs et les élèves aspiraient surtout à des améliorations immédiates et pratiques. Ce que j'ai vécu l'année suivante au lycée a été moins facile, avec des grèves, un aspect idéologique de masse qui rendait la réflexion impossible, des récupérations de toutes sortes et des difficultés à communiquer entre élèves et professeurs.

Vous étiez toutefois quelqu'un d'engagé.

D'année en année j'étais délégué de classe et j'avais à cœur de m'engager pour une amélioration de notre vie.

Revenons-en à votre parcours précédant le monastère. Y a-t-il eu d'autres rencontres déterminantes ?

Bien sûr, j'ai rencontré des prêtres dont un qui m'a demandé vers l'âge de onze ans si je n'avais jamais pensé à être prêtre. Je lui ai répondu que j'y avais pensé mais que je serais heureux de me marier. Un peu plus tard, dans un groupe d'amis accompagné par un jeune aumônier, nous avons fait l'expérience d'un partage en profondeur de l'Evangile, autour d'un camarade qui se préparait à la confirmation. Aussi bien le témoignage de ce prêtre étonnant de ferveur, que la puissance de vie partagée tous ensemble m'ont amené à réfléchir sur moi-même et sur ma vie, et j'en suis arrivé à me dire : « Il faut que tu sois sérieux. Si tu veux vivre vraiment, il est clair que le Christ doit devenir le centre de ta vie. » Mais comment mettre cela radicalement en œuvre ? J'en ai parlé au prêtre qui me connaissait bien et qui m'a suggéré d'aller passer quelques jours dans un monastère, alors que le prêtre qui m'avait posé pour la première fois la question du sacerdoce m'avait conseillé de prendre contact avec le service des vocations.

Et vous ne l'aviez pas fait ?

Non, je ne me sentais pas à l'aise dans cette démarche ; j'avais d'ailleurs bien tort, j'ai pu le constater par la suite. J'ai en effet souvent été amené à collaborer avec ce type de service et encore aujourd'hui avec celui de Poitiers, et j'ai toujours apprécié la qualité d'attention des équipes animatrices qui prennent en compte et encouragent toutes les vocations dans l'Eglise sans mainmise aucune.

L'évidence

Ce conseil d'aller quelques jours dans un monastère ne vous a-t-il pas rebuté ?

Non. Pour moi, le monastère était vraiment un lieu un peu irréel, aux connotations moyenâgeuses. J'en ignorais tout, et finalement je n'étais pas contre la possibilité d'aller faire un tour au Moyen Age ! Je ne ressentais pas cette démarche comme un appel sérieux qui allait mobiliser mon existence. J'ai même demandé au prêtre de prendre contact pour moi avec ce lieu dont j'appréhendais mal la réalité. J'avais alors dix-neuf ans. Et voilà que, dès mon premier séjour à Ligugé, je me suis senti fortement attiré par cet univers. Très vite il m'est apparu évident que c'était là le meilleur horizon qui soit pour moi.

Quitte à abandonner l'idée du mariage ?

Durant mon adolescence, et à plusieurs reprises, j'ai été terriblement amoureux, surtout une fois dont je garde un souvenir puissant. C'était une jeune fille extrêmement droite, sérieuse, réfléchie. L'ennui, c'est qu'elle se prétendait marxiste ! Moi, je l'amenais dans les églises pour lui faire découvrir ce que représentait à mes yeux la vérité du Christ, et je ne pouvais pas m'empêcher de lui confier que mon plus grand désir serait d'être prêtre. Bref, dans un tel contexte, envisager une relation durable était un peu compliqué ! Cela a été un amour platonique mais intense. Paradoxalement cette expérience m'a permis de mesurer ce que pouvait être l'amour de Dieu. Je me suis dit qui si aimer une femme représentait autant d'intensité, de force, d'énergie, aimer Dieu devait être incommensurable ! J'ai donc été devant le choix objectif de me marier ou de ne pas me marier. Et j'ai vraiment choisi. Je me suis dit qu'être moine correspondrait mieux à ce que mon tempérament m'inclinait à désirer dans une relation sans limitation aucune.

N'était-il pas possible d'envisager une vie fondée sur le Christ dans le mariage ?

Bien sûr que si ! Je crois même que la vie conjugale est une manifestation privilégiée du Christ au cœur du monde, et que la relation des époux basée sur un désir mutuel de se rencontrer, de s'accueillir, est signe de la réalité éternelle de notre relation au Christ. Il y a une vocation chrétienne du mariage sur la base de ce sentiment commun à tous de l'amour qui unit. J'avoue que j'aurais été très heureux de vivre cette réalité-là. Le pari de réaliser sa vocation dans le mariage me paraît extraordinaire. Mais je me suis senti appelé à vivre autre chose qui est complémentaire, et qui fait également signe. Enfin, il ne faut pas idéaliser le mariage... pas plus que la vie religieuse d'ailleurs !

Parlez-moi du monastère.

J'ai été surpris de trouver là des gens normaux qui m'ont aimé, qui m'ont intégré, tout en gardant un bon discernement. Le père abbé de l'époque, Dom Pierre Miquel, avait un jugement très sûr. Son expérience humaine et spirituelle m'a beaucoup marqué. J'ai ressenti à son égard une confiance spontanée qui ne s'est jamais démentie tout au long de ma vie monastique. A vrai dire, lorsque je suis arrivé au monastère, le père abbé ne m'a pas pris d'emblée au sérieux... Il n'était pas certain que ce jeune de dix-neuf ans qui aimait tellement la musique puisse avoir réellement une vocation monastique. Tout en m'aidant, il n'a pas cherché à me retenir et m'a conseillé de terminer ma licence d'anglais. Et c'est ainsi que se sont écoulées plusieurs années d'attente.

Trois années d'attente

Que s'est-il donc passé entre le premier séjour au monastère et votre entrée définitive ?

Il y a eu une période très pleine. Je venais de faire deux années en fac de lettres pour calmer l'inquiétude de mes parents qui me voyaient mal poursuivre une carrière musicale selon mon désir profond, mais je continuais à prendre des cours à Paris, pour la pratique de mon instrument, le hautbois. Cette licence d'anglais n'était pas vraiment mon choix, je la poursuivais pour faire plaisir aux autres. Par contre j'ai trouvé le moyen, sans respecter la consigne du père abbé ni le désir de mes parents, de partir à Paris, et de m'engager pour deux ans dans une de ces Musiques militaires qui accueillent les jeunes faisant leurs études musicales à Paris. Ainsi, d'une certaine manière, je n'avais de compte à rendre à personne. J'ai donc fait une première année de service militaire et une seconde, d'engagement volontaire, tout en suivant mes cours de musique. Finalement tout le monde a bien accepté mon choix. Après le temps légal du service militaire, il y avait possibilité pour les militaires engagés de loger à l'extérieur. Avec des amis nous avons formé une petite communauté chrétienne. Je me suis installé dans un appartement, avec Claude qui était étudiant en musique comme moi et Catherine qui était institutrice spécialisée. Tous les trois nous partagions notre idéal à la suite du Christ. Nous priions ensemble tous les matins et avions des engagements sur la paroisse. Nous avions des exigences de pauvreté, de simplicité, de partage, d'accueil. Le père abbé de Ligugé, qui s'inquiétait un peu de me voir là-dedans, venait parfois nous rendre visite. Cette communauté a été un lieu de découverte extrêmement précieux pour moi. C'est là que j'ai commencé à lire la Bible. Claude trouvait que je ne travaillais pas beaucoup, et un jour il m'a carrément dit : « Qu'est-ce qui t'intéresse ? Si tu veux devenir moine, il faudrait peut-être que tu lises la Bible ! » Dès le lendemain matin, je me suis mis à lire un ou deux chapitres par jour avec un papier et un crayon et j'ai scruté le texte du début à la fin, en écrivant des commentaires que j'ai conservés. Ils sont sans grand intérêt mais touchants. Cette lecture qui, au début, relevait du devoir – tu es chrétien, tu dois donc lire la Bible – a été finalement déterminante pour moi. Cet univers biblique semblable d'abord à une forêt vierge est devenu un monde habitable, où les éléments s'appelaient les uns les autres et laissaient apparaître une certaine cohérence d'ensemble.

La musique, si importante pour vous, fait-elle partie de ces signes que vous avez rencontrés sur votre chemin ?

C'est plus compliqué. La musique n'est pas un en soi, c'est un véhicule, un art de vivre, un langage, et je pense qu'il serait extrêmement dangereux de fonder toute son existence sur la musique pour elle-même. Faire une carrière musicale ne suppose pas obligatoirement que l'on vive uniquement pour la musique, mais dans mon cas il y aurait eu ce danger. J'ai eu beaucoup de camarades qui ne vivaient que pour cela, et ne comprenaient les choses que par le sens musical. Je pense qu'il faut poursuivre un art de vivre global, dans lequel la mélodie musicale donne une autre saveur à toutes choses, et des capacités de rencontre qui sortent de l'ordinaire. L'expérience de la musique m'a beaucoup enrichi. Mais dans tous les aspects de ma vie, que ce soit dans l'ordre de l'amitié ou du spirituel, mon plus cher désir était de mettre mes capacités musicales au service d'une expérience humaine, d'une possibilité de rencontre.

Adolescent, j'appartenais à un groupe de musique de chambre. Le prêtre qui nous accompagnait avait compris l'importance de ce langage pour plusieurs d'entre nous, et il nous avait très vite intégrés dans la vie liturgique de la paroisse. Nous avons pu vivre là des expériences fantastiques, grâce à notre art. C'est par cette pédagogie basée sur le véhicule musical que j'ai compris ce qu'étaient Pâques, l'année liturgique. Pour moi ce fut presque plus déterminant que les grands concerts que j'ai eu l'occasion de donner. Vous savez, préparer un concerto pour qu'il soit absolument parfait c'est bien, mais ce n'est pas suffisant. Il m'est arrivé, du fait d'un concours que j'avais réussi, de pouvoir faire une prestation à la salle Pleyel avec l'orchestre de l'ORTF. Je me suis retrouvé donc face à une salle comble dans une situation très exaltante. On se sent certes très heureux, mais je ne suis pas sûr que cela ouvre obligatoirement au véritable sens des choses.

La musique n'aurait-elle pas pu combler votre vie ?

Si, mais à condition de privilégier la perspective d'une relation aux autres et de ne pas se contenter du seul but de jouer à la perfection une sonate, une symphonie ou un concerto – bien que cette perspective reste aussi pleine d'urgence et d'intérêt en matière artistique.

Au moment où j'ai terminé mes études et obtenu le diplôme final de l'Ecole normale de musique de Paris, j'avais la possibilité de me présenter à un certain nombre de concours de hautbois dans des orchestres parisiens. J'aurais pu me retrouver, comme certains de mes amis, dans un de ces grands orchestres. En fait, durant ces trois années d'attente, j'attendais avec passion le moment de mon entrée au monastère.

Pas de regret ?

Comment et pourquoi devient-on moine ?

Absolument aucun.

Donc vous entrez définitivement au monastère en 1975.

Et alors que je m'apprête à y entrer, Claude et de Catherine, avec qui je vivais en communauté, m'annoncent leur mariage. Pour moi, c'est une autre aventure qui commence.

CHAPITRE 3

La Règle de saint Benoît, quinze siècles plus tard

Vous avez découvert que le monastère n'était pas un lieu moyenâgeux. Il n'empêche que chaque jour au réfectoire, vous écoutez la lecture d'un passage de la Règle de saint Benoît, qui date du 6e siècle ! Cette Règle que vous pratiquez est-elle encore valable au 21e siècle ?

Absolument. La Règle de saint Benoît n'est pas un texte dicté par Dieu en direct. Elle ne doit pas être appliquée à la lettre, il faut l'interpréter, tout comme la vie de saint Benoît, écrite par Grégoire le Grand, qui la complète. La Règle est construite autour de quelques constantes qui restent toujours valables, et elle est souple et discrète : saint Benoît n'entre pas dans tous les détails. A la fin de sa vie, en relisant les chapitres qu'il a écrits au début de son expérience d'abbé, et en y reconnaissant quelques raideurs, Benoît apporte lui-même des corrections qu'il consigne à la fin de sa Règle. Par exemple il revient sur l'obéissance et admet qu'il y a peut-être des ordres impossibles à honorer. Il conseille alors de résoudre cela dans le dialogue. Heureusement, car si la Règle ne laissait aucun interstice, ce serait irrespirable ! D'ailleurs les réformateurs qui prétendent revenir à la lettre ne peuvent pas tenir très longtemps, ils sont vite dépassés par les événements internes ou externes et obligés d'apporter des précisions, des adaptations, et finalement d'interpréter le texte pour leur temps.

Je suis frappée par le premier mot de la Règle de Benoît : « Ecoute ». Cela dénote effectivement une grande ouverture car l'écoute ne peut être que subjective, avec des variations selon les époques et les cultures. Et puis l'on n'a jamais fini d'écouter.

Il y a deux mots qui résument la Règle : le premier, « Ecoute », et le dernier, « Tu parviendras ». Cela veut dire que si l'on commence par écouter, sans se prendre pour le centre du monde, on se met en disponibilité par rapport à un Autre qui va nous permettre d'accomplir un chemin avec lui, dans une certaine obéissance et avec humilité. Et puis il y a ce silence de l'accomplissement – « Tu parviendras » – qui voudrait être un silence de communion dans l'amour avec la réalité ultime en laquelle nous sommes tous appelés à vivre.

Bénédictins et disciples de saint Martin

Interprétez-vous la Règle de la même manière dans tous les monastères bénédictins ?

Sûrement pas ! Une communauté monastique est une famille qui a son histoire, ses composantes et qui ne peut renier ni ses origines ni sa couleur propre, même si elle s'inscrit dans une réalité plus large, celle de sa congrégation. Un monastère est également marqué par le contexte de l'Eglise locale et par l'environnement humain dans lesquels il se situe et desquels il reçoit des sollicitations spécifiques. Un monastère n'est pas une réalité en soi, il s'inscrit dans un paysage ecclésial et social. Les monastères qui veulent jouer en solo sont comme des corps étrangers qui vivent dangereusement pour eux-mêmes et pour les autres, en marge du tissu local.

Quelle est la couleur spécifique du paysage dans lequel s'inscrit l'abbaye Saint-Martin de Ligugé ?

Nous sommes marqués par notre fondateur, saint Martin, qui n'était pas tout à fait le même genre de moine que saint Benoît. Martin essaie de tenir ensemble action pastorale et prière, alors qu'Antoine ou Benoît insistent surtout sur la prière à laquelle il ne faut rien préférer. Nous sommes également marqués par notre restauration en 1853 à l'initiative de Dom Guéranger, le père abbé de Solesmes, qui envoya des moines à Ligugé pour, entre autres choses, restaurer le pèlerinage martinien alors que la vie monastique avait cessé à cet endroit depuis deux siècles et demi [1].

Malgré cette interruption de plusieurs siècles, vous arrivez à retrouver des traits de l'époque de la fondation ?

La présence de saint Martin est si forte que parfois nous nous disons autant martiniens que bénédictins. Notre couleur propre serait d'être vraiment investis dans la prière avec une expérience spirituelle exigeante selon les caracté-

1. Pour en savoir plus, voir *Histoire de l'abbaye Saint-Martin de Ligugé (361-2001)*, de Lucien-Jean Bord, Paris, Geuthner, 2005.

ristiques bénédictines, et en même temps d'être extrêmement ouverts aux questions des hommes qui nous entourent. A Ligugé nous avons toujours eu du mal à nous définir comme communauté purement contemplative. D'ailleurs l'expression « ordre contemplatif » est assez récente ! Dans la tradition, la vie spirituelle est marquée à la fois par la *praxis*, c'est-à-dire le travail de conversion, et par la *theoria*, l'union à Dieu, la « vision » de Dieu, la contemplation. Ce sont deux aspects indissociables et complémentaires : la conversion de l'âme et la paix intérieure introduisent à la vie même de Dieu sans s'arrêter au regard immédiat sur les choses ; c'est cela l'exaucement du devenir humain. Tout homme, tout chrétien, doit être à la fois un *praktikos* et un *theoretikos*, un actif et un contemplatif. C'est notre logique occidentale qui, à la Renaissance, a voulu classer les moines dans une catégorie spécifique. Comme ils accordaient une grande place à la prière, on les a déclarés « contemplatifs » à l'exemple d'autres ordres créés à cette époque, comme le Carmel réformé ou un peu plus tard la Visitation. Pour les Bénédictins, cette définition n'est pas vraiment convaincante, ni au regard de l'histoire ni au regard de la réalité actuelle. Des monastères d'Amérique du Nord, d'Allemagne ou d'Angleterre ont des universités ou des collèges. Lors de la réunion mondiale des abbés bénédictins qui se tient tous les quatre ans à Rome, je suis frappé par la grande diversité de nos vingt et une congrégations qui cultivent néanmoins le même esprit de famille.

Sur quoi repose cet esprit de famille ?

Je crois qu'il repose sur la personnalité spirituelle de Benoît, une certaine modération, un recul, un discernement. Saint Benoît nous appelle à ne pas vivre le nez collé sur la réalité sensible, mais à nourrir une vision plus large.

Silence, clôture et autres ascèses...

On imagine la vie monastique avec des excès de rigueur, un certain mépris ou au moins une négligeance vis-à-vis du corps et des besoins humains ordinaires.

Il y a au contraire, chez saint Benoît, une grande finesse psychologique et une foi très profonde qui lui donnent une approche positive de la nature humaine. Les excès auxquels vous faites allusion peuvent se comprendre si on les resitue dans une époque où la vie de tout un chacun était également austère. Mais il y a chez saint Benoît un recul, une sorte d'humour, une paix qui donnent de la distance par rapport aux soucis quotidiens. Tout est replacé dans une vision large avec une forte dimension eschatologique. Cela est très perceptible dans nos échanges monastiques : on se relativise soi-même et on remet les problèmes à leur juste place, même si, parfois, on peut en souffrir.

Les pénitences et mortifications volontaires existent-elles encore ? Ont-elles une valeur en soi ? Qu'en est-il du jeûne chez les moines, alors qu'il a été presque oublié chez les chrétiens et que certains groupes de spiritualité plus ou moins ésotériques le redécouvrent pour un mieux-être psychologique et physique ?

L'ascèse est une manière d'acquérir de la liberté par rapport à tout ce qui fait obstacle à la circulation de la vie entre les hommes. C'est un exercice plus ou moins accentué pour trouver l'attitude juste face aux passions désordonnées qui nous traversent. Le jeûne en fait partie. Dans les monastères aujourd'hui, la règle commune du jeûne est plus souple que par le passé, elle est moins absolutisée, mais elle existe et elle est adaptée aux capacités de chacun. La pratique personnelle doit s'intégrer dans la vie du groupe et recevoir l'accord du père abbé pour éviter l'illusion de la réussite spirituelle. Lorsqu'on a l'impression de réussir de bonnes performances dans ce domaine, on pourrait croire que l'on est plus proche de Dieu ! L'ascèse n'est valable que si elle est au service d'une plus grande charité. C'est le critère décisif d'appréciation de toutes ces pratiques.

On a aussi l'idée que le moine est quelqu'un de quasiment muet, assujetti à une terrible règle du silence.

Il y a eu effectivement des époques où le moine devait absolument se taire. En fait Benoît ne demande pas tant le silence absolu que la retenue dans la parole. Ce qui importe là, c'est plutôt la qualité de la parole. La qualité du silence dépendra de la qualité de la parole et réciproquement.

Si deux moines se croisent, peuvent-ils se parler ?

Oui, si c'est vraiment nécessaire, mais avec sobriété. Il y a par ailleurs des temps prévus pour l'échange de paroles. L'après-midi nous avons trois quarts d'heure où l'on peut deviser ensemble, faire du sport, lire le journal, visionner une vidéo, se détendre dans le parc. Les repas sont pris en silence, en écoutant une lecture, sauf celui du dimanche soir où une sorte de pique-nique est organisé sous la forme d'un temps fraternel dans une pièce différente du réfectoire. De plus, tous les soirs avant complies il y a une réunion de communauté, qui consiste en une lecture éventuellement commentée, un échange de nouvelles, et la reconnaissance par l'un ou l'autre de telle ou telle faute qu'il aurait commise. Le père abbé, en fonction des besoins de la communauté, donne un enseignement régulier. Une communauté, c'est un peu comme l'équipage d'un navire : si chacun est bien à son poste et fait son travail, le bateau avance dans la direction qu'on lui a prescrite. Par contre, quand il y a un peu de tangage, il faut reprendre les choses en main. Quand le bateau communautaire avance tranquillement, il n'y a pas lieu de le surcharger par des obligations supplémentaires trop nombreuses.

L'ascèse qui vient de l'autre

Vous êtes ici une trentaine de moines de trente à quatre-vingt-sept ans, condamnés en quelque sorte à vivre ensemble à perpétuité ! N'est-ce pas une ascèse à laquelle on ne peut pas échapper ?

A perpétuité, comme vous dites ! En effet – sauf exception : pour aller fonder ailleurs ou pour aider une autre abbaye – un moine reste dans la communauté au sein de laquelle il a fait ses vœux définitifs. On meurt là où on est entré. C'est en effet exigeant car on ne peut pas fuir la réalité à laquelle on est confronté, avec soi-même et avec les frères. Le fait d'être transplanté plusieurs fois, comme c'est le cas dans les congrégations apostoliques, n'est pas facile non plus. C'est une autre forme d'exigence évangélique. Pour nous, cette stabilité dans la communauté où l'on s'engage par vœux est un appel à aller toujours plus au fond des choses.

Thérèse de Lisieux évoque cette difficulté du vivre ensemble quand il faut supporter au quotidien les petites manies des uns et des autres. Abordez-vous parfois franchement le problème ?

Ce n'est ni plus ni moins difficile que la vie de famille, à la différence près que nous n'avons pas la soupape de loisirs ou d'engagements professionnels à l'extérieur du monastère. Il nous arrive d'avoir des explications interpersonnelles. Mais c'est aussi à chacun de réagir. Vous savez, il y a deux registres d'approche des réalités : si l'on reste à la surface de l'eau, on prend les vagues de plein fouet et on s'épuise très rapidement, mais si l'on plonge sous la vague, on s'en sort beaucoup mieux. Dans un premier temps, on éprouve effectivement un sentiment superficiel de violence, mais on peut arriver à relativiser ces réactions qui sont d'origine purement psychologique, en se situant à un niveau plus essentiel. Nous sommes ensemble dans une autre alternative que celle de s'affronter ou s'apprécier mutuellement. On n'arrive pas tout de suite à dépasser les réactions de sa sensibilité, mais avec le temps et le don de Dieu, ce n'est pas hors de portée.

Je suppose que cette vie avec d'autres, les mêmes du matin au soir, est une sacrée école de maturité humaine.

La vie en commun fait partie intégrante de la vie monastique, elle est indispensable et il faut savoir en entrant au monastère qu'on la choisit. On va découvrir progressivement qu'elle est rude mais qu'elle fait partie du travail de conversion. Il est souvent plus facile de dire : « Untel est impossible », que de se demander si l'on est soi-même facile à vivre, et d'examiner comment un chemin de conversion mutuelle peut s'opérer dans la vérité. La communauté reste toujours éprouvante mais devient aussi un lieu de construction, de conversion, un lieu de bonheur. Arriver à vivre avec d'autres hommes une telle exigence, une telle beauté, c'est se préparer à la vie éternelle. Il faut s'y habituer dès maintenant car ce sera notre vie éternelle, vie de relation vécue dans l'Esprit Saint, sans obstacle entre les personnes, de telle manière que la circulation s'opère entre tous dans l'amour divin partagé. Les moines ont vraiment le désir que cela soit déjà possible sur terre.

Pour y parvenir, saint Benoît propose un traité spirituel. Dans sa Règle, il mentionne en particulier l'importance du rapport à l'obéissance, au silence et à l'humilité. A la base de tout, il y a l'humilité du Christ. Il s'agit pour chacun de partager avec le Christ la juste place, celle qui nous permet de ne pas nous prévaloir de nous-mêmes et d'accueillir librement ce qui nous vient de l'Autre et des autres. Il y a là une dépossession de l'illusion que l'on peut avoir de soi-même ; on est appelé à « se perdre », selon le mot de l'Evangile, pour se trouver vraiment. Saint Benoît consacre un long chapitre à l'humilité. L'ascèse monastique n'est donc pas un exploit volontariste mais un travail de disponibilité intérieure pour que l'amour circule librement, sans obstacle de notre part, entre tous les êtres.

Dans le registre des images que l'on a au sujet de la vie monastique, il y a cette terrible clôture, dont un moine ne sort pas, même pour aller au mariage de son frère !

Encore une image d'Epinal ! Les moines ont toujours eu la possibilité de sortir pour leurs affaires, et pour répondre à différentes demandes. Ce n'est pas une nouveauté. Au temps de saint Bernard, il y avait beaucoup de moines en voyage, à commencer par ce grand fondateur et réformateur lui-même. Il est vrai qu'à certaines époques et encore aujourd'hui dans certains monastères, les règles sont plus strictes. Mais nous ne sommes pas cloîtrés au sens rigide du terme. La clôture est plutôt une mesure d'équilibre. Le monastère jouit d'un espace privé qui permet une certaine solitude à la communauté et à chacun de ses membres. Certains moines ont inévitablement plus d'occasions de sortir du monastère que d'autres pour le service de la communauté, ou de l'Ordre, ou de l'Eglise, ou pour d'autres raisons encore. Dans ce cas, il est important pour eux de cultiver ce qu'on appelle la clôture du cœur, cet espace intérieur où l'on peut poursuivre la recherche de l'essentiel tout en vivant ses activités ordinaires. Il est nécessaire d'évaluer, soit à titre personnel, soit à titre communautaire, ce qui semble utile ou non. Pour cela, il faut bien des lieux de régulation. La clôture est faite pour le moine et non le moine pour la clôture.

Obéissance !

Vous dites qu'il y a de la souplesse dans la vie au monastère ; à condition d'en référer au père abbé conformément au vœu d'obéissance !

C'est une prescription à ne pas entendre au premier degré. En s'adressant au père abbé pour telle ou telle demande, c'est un peu à toute la communauté des frères que l'on s'adresse : on se reconnaît comme n'étant pas un atome isolé, mais comme membre d'un corps avec un lien fraternel qui nécessite une concertation. Quand un moine vient me dire qu'il est invité pour faire une conférence, prêcher une retraite, ou qu'il souhaite rendre visite à sa famille, je donne mon avis et j'ajoute souvent : « Maintenant c'est à toi de considérer ce qui est le meilleur et de décider. » Il est nécessaire d'essayer de juger de la situation non pas seulement par rapport à soi-même mais par rapport à la communauté, en considérant l'équilibre des forces et celui des personnes, afin de réaliser ensemble quelque chose qui ait une certaine cohérence, tout en prenant ses responsabilités personnelles.

Il y a toujours le danger, surtout pendant le temps de formation, d'infantiliser les moines. Ce n'est évidemment pas ce à quoi nous sommes appelés. Nous sommes invités à devenir des personnes responsables qui prennent leur vie en main tout en se confiant au Christ.

Ce qui veut dire qu'il n'est pas interdit d'honorer les dons de chacun !

Je préfère dire qu'il est important que chaque membre de la communauté prenne en considération les dons des autres. L'épanouissement de chaque personne doit être situé dans l'appel global qui est fait à la communauté. Certains moines ont beaucoup de facilité pour exprimer leur talent propre, au point qu'il faut parfois les tempérer, et d'autres ont une telle réserve qu'il faut plutôt les encourager. Dans tout groupe humain il y a concurrence des talents individuels : « Si j'ai le même don que mon voisin, qui va l'emporter ? » Alors que l'essentiel est de savoir à quoi nous sommes appelés ensemble. Je constate d'ailleurs que les dons qui adviennent en communauté ne sont pas dus au pur hasard, il y a en amont une impulsion mystérieuse qui fait vivre la communauté par le don de chacun. Dans les années 40, un jeune médecin s'est présenté un jour avec le désir de devenir moine. Le père abbé l'a accepté et a pensé que même si son savoir-faire n'aurait guère d'utilité au monastère (il était gynécologue !), Dieu saurait faire surgir en lui d'autres formes de talents : en effet, il fut à l'origine de la création de notre atelier d'émaux sur cuivre. Il mena à bien le chantier des fouilles archéologiques de l'ancien monastère et fut la cheville ouvrière de l'aménagement des bâtiments monastiques, en cet après-guerre où cet apport ne fut pas négligeable. Mais il peut y avoir aussi un grand artiste des compositions florales, ou un autre qui se découvre un talent de cuisinier, ou encore un autre qui, par son simple sourire, apaise tous les cœurs... Le discernement concerne bien sûr au premier chef le père abbé, mais il n'est pas seul. Aidé par son conseil, il doit indiquer ce qui est important pour la communauté dans son ensemble.

Chacun doit en référer au père abbé d'une façon régulière. Mais a-t-il la possibilité d'en référer à un père spirituel extérieur pour garantir le for interne, c'est-à-dire la liberté de la conscience ?

Il n'y a pas de règle absolue en ce qui concerne la relation personnelle avec le père abbé. Bien sûr je dois garder le souci de rencontrer les uns et les autres, de prendre la mesure de l'avancée de chacun selon son rythme propre. Mais par ailleurs chaque moine a un père spirituel à l'intérieur de la communauté. Ceux qui exercent ce rôle sont des moines-prêtres mandatés par le père abbé. De plus chacun a la liberté de s'adresser à un prêtre qui vient de l'extérieur une fois par trimestre.

L'élection d'un père abbé

Puisque vous parlez de la charge de père abbé, racontez-moi comment vous l'avez reçue.

Par le vote de mes frères à la majorité des deux tiers. C'était en 1990, j'avais trente-sept ans.

Qu'avez-vous ressenti lors de cette élection ? De la surprise, de la fierté, de la crainte ?

C'est surtout quand j'ai vu les voix commencer à se concentrer sur mon nom que j'ai ressenti quelque chose ! En sortant, je suis allé à la chapelle de la Sainte-Vierge, je me suis mis à genoux et je suis resté en silence. Quand je me suis relevé, j'ai croisé un moine qui avait été mon maître des novices et je lui ai demandé : « Qu'est-ce que je fais ? » Il m'a répondu : « Il faut accepter ! » Et j'ai pensé que c'était un appel. Ensuite je n'ai plus eu le temps d'avoir des états d'âme. Brusquement, à la minute qui suit le vote décisif, on se retrouve assis sur le siège de présidence et il faut entrer aussitôt dans sa charge en commençant par adresser une parole à la communauté.

Je ne crois pas avoir ressenti de fierté. J'ai évidemment été ému par la reconnaissance de mes frères, cela est un véritable encouragement. La présidence perçue comme un honneur personnel est vraiment dérisoire, et on sent vite l'incongruité de ce sentiment. Pour ma part j'aurais plutôt ressenti de la crainte. Je ne suis pas très valeureux, je cède volontiers à la peur. Mais dans ces circonstances-là on n'est pas seul, il y a incontestablement une réalité supérieure qui nous permet de réagir comme l'exige la situation.

Du jour au lendemain on a tout de même une responsabilité énorme sur les épaules : les autres frères, l'orientation de la communauté, les relations avec l'Eglise diocésaine, avec la société...

On n'en ressent pas tout de suite le poids. A la sortie de la salle du chapitre où a eu lieu l'élection, on s'embrasse, on se congratule, l'émotion est forte. L'abbé n'est pas livré à sa seule gouverne : il y a un conseil très précieux qui se réunit régulièrement, il y a des chapitres décisionnels où l'on peut discuter des projets, il y a les contacts personnels avec chacun des moines, et notamment les responsables des différents secteurs de la vie du monastère. Si bien que même si le père abbé est en dernier recours celui qui doit trancher, il travaille constamment avec d'autres. C'est très beau parce que c'est le miracle de l'institution monastique qui comporte un côté presque monarchique et un côté très démocratique, les deux se complétant, à tel point que des responsables d'organisations publiques nous envient beaucoup. Ainsi que je l'ai déjà dit, actuellement nous avons pas mal de contacts avec le monde des entreprises qui cherche des pistes de management.

Lorsqu'une décision importante doit être prise, par exemple, saint Benoît demande que l'on convoque toute la communauté et que chacun donne son point de vue, « en toute humilité et respect » ; ensuite de quoi, le père abbé prend la décision qui convient en se rappelant qu'il est là non pour dominer par des décisions arbitraires mais pour servir ; parfois même un vote est nécessaire. Le grand apport de la Règle de saint Benoît pour la gestion des hommes, c'est son équilibre exemplaire entre la dimension d'autorité et celle de fraternité. En toutes circonstances, il parvient à maintenir les deux. Dans chaque service par exemple, il y a un responsable, mais même si ce dernier conserve sa part d'autonomie en matière d'organisation, il appartient aussi à une communauté à laquelle il doit rendre des comptes.

Après quinze années, cette charge vous passionne-t-elle toujours autant ou en avez-vous parfois assez ?

Je pense qu'il y a des étapes. Après mon élection, je me sentais si peu fait pour cette charge que j'ai proposé à la communauté de faire le point six mois plus tard. C'était une boutade mais en même temps je n'imaginais pas du tout quelles seraient mes réactions dans l'exercice quotidien de ma mission. Avec un tempérament d'artiste comme le mien, se plier à toutes les contraintes de cette responsabilité allait me demander une réelle conversion intérieure. Sans compter ma sensibilité à fleur de peau qui me ferait certainement éprouver très durement certains coups ! Je me suis dit qu'en fait la communauté avait choisi quelqu'un qui ne mettrait pas tout sens dessus dessous ! Au fond, la communauté me demandait simplement de l'aider à continuer sa route dans la paix, l'amour, la vérité et la liberté.

Donc j'assume volontiers ma charge mais je ne la garderai pas jusqu'à quatre-vingt-dix ans, même si j'ai été élu à vie. Je la remettrai un jour, en fonction du bien de la communauté. Raisonnablement, quand je verrai que je commence à « patiner » ou qu'on me le fera savoir, je n'hésiterai pas à me retirer. Je me sens très libre sur ce point. J'ai l'impression que le jour où je pourrai dire que j'ai rempli ma mission et où je passerai la main à un autre, ce sera une vraie fête. Ce qui restera alors, ce sera tout simplement ma passion pour la vie monastique, que je mènerai avec grande joie, dans l'obéissance au Christ représenté par celui qui aura été élu comme abbé.

Revenons à l'obéissance. Le père abbé, à qui obéit-il ?

J'ai dit un jour dans une réunion de chapitre qu'il était difficile d'être abbé parce que l'on n'avait personne audessus de soi à qui obéir, sinon à Dieu directement. Un frère a alors répondu : « Il y a la Règle ! » C'était une remarque intéressante d'autant plus que Benoît y fait allusion disant que le père abbé doit être le premier à observer la Règle pour stimuler toute la communauté.

C'est, je crois, le père Ghislain Lafont, moine bénédictin, qui a dit : « Celui qui obéit le plus dans une communauté monastique, c'est le père abbé. » En effet, la première tâche du père abbé est d'être disponible, à l'écoute de tous. Les moines sont constamment désireux de lui dire leurs désirs, leurs difficultés, leurs protestations, leurs projets. Il faut qu'il soit un grand écoutant.

Je vous imagine mal en père abbé autoritaire.

Qu'est-ce que l'autorité ? C'est faire grandir, faire croître quelque chose dans l'être. Vue sous cet angle, l'autorité est une chose extrêmement positive. Dans cette perspective, on pourrait dire que l'autorité est vraiment un service que tout le monde doit exercer dans la mesure où chacun de nous est appelé à devenir auteur, acteur, sujet de sa vie. Quand on parle de l'autorité au sujet du Christ, son *exousia*, c'est ce qui sort de son être. Donc tout le monde est appelé à partager et à vivre cette *exousia*. Néanmoins certains dans la communauté humaine signifient cette autorité d'une manière particulière dans la fonction de présidence.

Mais Benoît souligne très fortement que l'obéissance n'est pas seulement due à l'abbé, elle implique une attention mutuelle entre frères. De même l'abbé est au service de l'obéissance commune fondée sur l'obéissance du Christ dans l'amour : le chapitre 64 de la Règle de saint Benoît, sur l'abbé, qui est une pure merveille, conseille au supérieur de chercher à être aimé plus qu'à être craint, de veiller à ne pas trop racler la rouille de peur que le vase ne se brise, de s'adapter au tempérament de chacun.

Dans l'Eglise – comme sans doute dans tout groupe humain – n'est-il pas bon qu'il y ait une alternance entre des responsables à l'autorité naturelle et des responsables davantage à l'écoute ?

Je ne sais s'il est bon de présenter les choses ainsi. L'autorité en Eglise repose vraiment sur la foi au Christ. Elle a donc essentiellement une dimension spirituelle. D'une part, nous obéissons au Christ et, d'autre part, nous nous référons à l'obéissance même du Christ. Nous n'obéissons pas d'abord à des hommes mais au Christ, le seul sage (par la médiation d'êtres humains très imparfaits), et d'autre part c'est aussi le Christ qui obéit en nous, bien au-delà de nos insuffisances. Ainsi les traits de caractère de chacun sont au service de cette foi au Christ. Dans ce cas, l'autorité naturelle n'est pas forcément un avantage, et le fait de ne pas en avoir pas obligatoirement un inconvénient. Il est bon que des responsables aux caractéristiques différentes se succèdent mais toutes ces différences prennent sens dans la relation au Christ. C'est à mon avis à cela qu'il faut être le plus attentif.

Etre abbé, c'est être le « père » de tous les moines de la communauté. Comment y arrivez-vous alors que vous êtes dévoré par toutes sortes de travaux et par vos obligations multiples à l'extérieur ?

Je suis absent du monastère environ deux mois par an, le plus souvent par devoir : participation à des réunions d'Eglise ou de Congrégation[1], service de l'Ordre, visites

1. Les monastères bénédictins sont organisés en structures autonomes ; ils dépendent directement du Saint-Siège. Mais, par commodité, ils se regroupent en familles appelées congrégations. Ligugé appartient à la Congrégation de Solesmes. C'est l'abbaye de Solesmes – elle-même restaurée en 1833 par Dom Guéranger – qui a relancé la vie bénédictine en France après la Révolution, et a fondé d'autres monastères regroupés en une congrégation, appelée d'abord Congrégation de France, puis de Solesmes. L'abbaye de Ligugé a été restaurée en 1853 par l'abbaye de Solesmes : quatre moines ont été envoyés pour relever le monastère, redonner vie au pèlerinage martinien et prendre en charge la paroisse de Ligugé.

La Congrégation de Solesmes compte vingt-trois monastères d'hommes et huit de moniales (quinze de ces monastères sont situés en France). Les autres abbayes bénédictines de France sont regroupées dans la Province de France de la Congrégation de Subiaco (Pierre-qui-Vire, Belloc, Tournay, En Calcat et Saint-Benoît-sur-Loire). Il existe aussi d'autres monastères bénédictins en France : les Olivétains (Le Bec-Hellouin, Maylis et Le Mesnil-Saint-Loup), la Congrégation Notre-Dame d'Espérance de Croixrault qui intègre des personnes handicapées, et quelques monastères indépendants.

Les monastères de moniales bénédictines en France sont une cinquantaine.

canoniques, interventions pour lesquelles je suis sollicité, animation d'une retraite dans un monastère... J'ajoute une semaine de retraite personnelle et de temps à autre un voyage au Sénégal où nous aidons une association qui travaille pour les enfants des rues. Mais il n'y a rien là de très extraordinaire, c'est un rythme assez commun à tous les pères abbés. Ces temps d'absence ne réduisent en rien l'intensité de la relation aux frères, il est même parfois nécessaire de laisser la communauté respirer un peu !

Des horaires au rythme de la société

Quels sont les horaires du monastère ? Vous vous levez toujours en pleine nuit pour l'office de vigiles ?

La question des horaires est importante car il y va de la viabilité de la vie monastique. Chaque époque aborde le rapport au temps de manière différente. Saint Benoît est né dans une civilisation où la vie ordinaire était rythmée

---

La Congrégation a un rôle d'entraide fraternelle et d'examen des problèmes généraux. Elle possède des constitutions et des déclarations précisant des aspects de la Règle. Tous les quatre ans a lieu un chapitre général composé de tous les supérieurs des différents monastères de la Congrégation pour évoquer des questions communes. Entre ces réunions, il y a des visites canoniques où chaque monastère est « visité » par le père abbé de Solesmes ou deux de ses conseillers pour la Congrégation.
Dans les réunions des pères abbés de France se retrouvent également les Cisterciens trappistes et les Cisterciens de la commune observance (Lérins).

par le soleil. Depuis que l'horloge, et surtout l'électricité, existent, le rythme du soleil est un peu relativisé. Les moines qui veulent s'en tenir à une observance littérale se trouvent en profond décalage avec les horaires de leurs contemporains, oubliant même une réalité aussi élémentaire que la distinction entre l'heure solaire et celle de l'horloge. Ainsi, en été, les moines qui continuent de se lever à 3 heures du matin selon la Règle sont en fait debout à 1 heure au soleil, et ceux qui se lèvent à 6 heures du matin ne manquent pas de courage car il n'est alors que 4 heures au soleil ! Je crois que les moines sont invités à une relecture de leurs rythmes en fonction des évolutions de la vie sociale, et de l'importance donnée au travail qui leur permet de gagner leur vie. Cette relecture est délicate car il faut à la fois ne pas s'éloigner de l'intuition de saint Benoît et ne pas être esclave des règles extérieures qu'il a proposées pour son époque sans pour autant se laisser envahir par l'esprit du monde très marqué par la rentabilité.

A Ligugé, nous avons choisi de célébrer l'office de nuit la veille au soir, à 21 heures, comme c'est le cas d'ailleurs pour la veillée pascale. Nous nous couchons plus tard et nous nous levons raisonnablement le matin à 6 heures, été comme hiver. Au cours de la journée, nous essayons également de respecter des temps de travail sans interruption le matin et l'après-midi, soit environ cinq heures de travail par jour. La messe est célébrée en fin de matinée pour permettre à des laïcs d'y participer.

Quelquefois, quand je suis encore au travail à minuit, je me dis que c'est l'heure où les Chartreux disent l'office de nuit et j'éprouve un grand bonheur, car je suis de cœur avec eux. Notre horaire, à Ligugé, ne me satisfait pas encore complètement mais, en tout cas, le monachisme ne doit pas se caractériser par son exotisme. On n'est pas moine parce que l'on se lève de très bonne heure le matin, ou que l'on ne mange pas de viande, ou que l'on porte un habit médiéval !

Est-ce au Concile que l'on doit ces évolutions et cette prise en compte plus grande des personnes ?

Je ne pense pas. C'est plutôt lié aux évolutions de la société et de la conception de la personne depuis deux ou trois siècles, et à plus forte raison au 20e siècle durant lequel la conscience individuelle a fortement progressé. L'aspect positif de cette évolution, c'est l'émergence d'un sujet libre, mais l'aspect négatif, c'est le risque d'enfermement sur soi, d'isolement à l'intérieur du groupe, voire d'angoisse. Les institutions religieuses se sont trouvées prises dans cette évolution des mentalités, même s'il y a encore dans notre société quelques institutions attachées à une certaine tradition où la structure prime sur l'attention aux individus. Je crois en fait qu'aucune communauté ne peut échapper à cette confrontation avec la perception de la personne humaine comme sujet-individu. De grandes remises en question, voire des crises très profondes, sont inévitables tant il est difficile de tenir ensemble et les exigences de l'individu et les exigences communautaires.

Les démons du désert

Au fil des réformes n'a-t-on pas perdu l'extraordinaire ferveur et le sens de l'absolu du temps des fondateurs ? On lit dans la Légende dorée *que Benoît se sauva de chez lui sans prévenir « et gagna un lieu où il demeura trois ans inconnu des hommes ». Antoine et d'autres sont eux aussi partis au désert. N'a-t-on pas perdu aujourd'hui cette folie des débuts ?*

Le monachisme a en fait existé depuis les débuts de l'Eglise ; il y a toujours eu un courant de fidèles – appelé parfois ascétique – aussi bien féminin que masculin, qui refusait de s'installer dans une réalité trop formelle et dont le désir était de revenir au modèle de la première communauté de Jérusalem.

Pour ce qui est du monachisme des 3e-4e siècles, il faut replacer les choses dans leur contexte. On sortait de deux ou trois siècles marqués par le sang des martyrs. Avec la fin de la persécution, des chrétiens, des ascètes, ont alors réagi ; refusant un monde de facilité, ils sont allés au désert. C'est ainsi que les moines ont été proclamés successeurs des martyrs. Martyrs-témoins de l'amour de Dieu jusqu'au bout d'eux-mêmes, pour le bien de l'humanité, ces moines-là disaient : « Une telle société ne nous intéresse pas ; nous allons tenter de vivre au désert la radicalité d'un combat avec le mal, pour le réduire à rien et vivre l'union à Dieu en Christ. Là sera notre lieu de martyre, de témoignage. » C'est bien ce qu'a fait saint Antoine. Il s'installa d'abord non loin de son village, et de nombreuses personnes venaient le consulter. Il décida donc d'aller plus loin et s'installa dans un tombeau à quelque distance des lieux habités, où il fut encore rejoint par des personnes en quête d'accompagnement spirituel. Il s'écarta donc encore plus loin pour pouvoir affronter seul à seul l'esprit du mal comme le Christ au désert de Judée.

Ces fondateurs associaient donc le désert au mal ? Aujourd'hui on l'associerait plutôt à un univers vierge et paisible.

Dans la mentalité antique, le monde habité est le monde du bien, tandis que le monde qui n'est pas atteint par la culture représente le chaos. Entrer dans le chaos du désert, c'est se lancer dans une entreprise de recréation en terrassant le dragon des mondes souterrains, des eaux primordiales ou autres symboles du même genre.

Aujourd'hui nous sommes dans un contexte complètement différent. Notre planète est un lieu entièrement exploré, il n'y a plus guère d'espaces qui n'aient été visités, alors qu'à l'époque des premiers moines, aller dans le désert d'Egypte c'était franchir les limites du monde connu pour se rendre dans un lieu redoutable. Aujourd'hui, les Occidentaux envisagent plutôt le désert comme une espèce de paradis (ce qui objectivement est loin d'être le cas) alors que la ville serait davantage le lieu de la confrontation au monde de l'adversité, de la division, du désordre.

Benoît s'inscrit-il dans cette conception du désert comme lieu de chaos ?

Benoît en est un héritier. En cette fin de 5e siècle, il est outré par l'intensité des violences qu'il voit à Rome, dans le monde étudiant. Au sein de cette société très décadente, les chrétiens devaient manifester leur foi de manière radicale pour avoir quelque chance d'être entendus. Benoît a eu vent des expériences monastiques d'Egypte ou même d'Europe, à commencer par celle de saint Martin. Alors âgé de dix-huit ou dix-neuf ans, il s'enfuit pour mener une vie d'ascète, d'abord près d'un village, puis dans la solitude. Lui aussi se met dans les conditions d'un face-à-face avec le mal. Il est tellement lucide sur cette confrontation que, dans sa Règle, il n'accordera pas facilement à un moine la possibilité de rejoindre la solitude érémitique. Il pense que ce n'est qu'après avoir été aguerri dans les rangs de la vie fraternelle que le moine pourra affronter face à face les pièges du démon sans l'aide d'autrui. Benoît, au contraire, a commencé par ce combat singulier, dans un endroit très impressionnant où se trouve toujours un monastère qui est devenu un haut lieu de pèlerinage, Subiaco. Quelque temps après sa venue à Subiaco, des gens le découvriront et d'autres parviendront à le faire sortir de sa solitude et le pousser à l'action.

CHAPITRE 4

Psychologie et sentiments au monastère

Un des changements importants par rapport à l'époque de la Règle de saint Benoît est la priorité accordée aujourd'hui à la psychologie des individus pour appréhender l'existence. On est notamment très attentif aux blessures affectives. Les jeunes moines sont-ils marqués par ce type de blessures ?

Des jeunes et des moins jeunes aussi ! Certains moines âgés ont eu une enfance très rude dans un milieu rural extrêmement dur. L'un ou l'autre est arrivé au monastère à seize ou dix-huit ans marqué par la frustration de ne pouvoir être prêtre ou missionnaire selon son désir, en raison de son incapacité à poursuivre des études. Certains ont vécu de grandes épreuves humaines et sont devenus pourtant des êtres lumineux dans la communauté. Ils ont assumé leur condition dans la simplicité. C'est très impressionnant.

Vous voulez dire que la vie monastique les a guéris de ces blessures ?

Je ne sais pas s'il faut parler de guérison. On ne sait jamais trop qui est guéri ou ne l'est pas. Ce n'est pas parce que quelqu'un remarche sur ses jambes qu'il est guéri ! La guérison est une affaire très complexe. L'Evangile associe guérison physique et pardon des péchés. Le Christ n'isole pas la dimension physique, il tente d'approcher l'homme dans sa totalité. Pour certains, en effet, un signe de guérison s'accomplit comme un témoignage de leur capacité à vivre en Dieu et c'est là une dimension capitale. Mais dans le cas des moines dont je parlais, il s'agit plutôt d'une manière d'assumer leur condition en profondeur pour qu'une vie vraie soit possible au-delà de toutes les difficultés personnelles. De plus ce sont des hommes qui parviennent à vivre avec une douceur extrême. Je pense qu'ils ont trouvé en eux-mêmes une possibilité d'assumer leur histoire et leurs difficultés. La vie monastique peut y aider si elle est prise dans le bon sens. Mais elle peut aussi produire des catastrophes, écraser quelqu'un, si elle est vécue à contresens.

« Dans le bon sens », qu'est-ce à dire ?

En préservant une part de liberté et de responsabilité, avec des éléments de formation, et une prière qui ne soit pas de l'ordre du devoir absolu mais du désir, autrement dit autant d'éléments qui peuvent permettre au sujet de dire « je » avec Dieu.

Comment faites-vous la part des problèmes psychologiques liés à l'histoire personnelle, et la part des failles spirituelles et morales, de ce qu'en langage chrétien on nomme le « péché » ?

C'est ma question la plus radicale. Il est bien audacieux de prétendre cataloguer des comportements comme absolument mauvais ou absolument bons ; cela reste un domaine mystérieux. Je crois qu'il y a tout un registre de maturation, d'épreuves, de construction personnelle à prendre en compte pour discerner ce qui, dans un comportement, relève ou non du péché.

Prenons par exemple un frère qui a du mal à trouver un équilibre par rapport à des manifestations d'irritation, voire de colère. Dans le cadre d'un monastère, ce comportement peut se manifester de manière très visible et dérangeante. Il ne suffit pas de lui dire : « Ecoute, ça suffit, calme-toi, et repens-toi de ton péché ! » Il faut essayer de voir les racines de ses difficultés qui souvent dépassent sa volonté consciente. Rien ne sert de dire : « Tu es en dessous de tout, tu ne respectes pas ce qui est prévu », et d'écraser la personne dans son propre drame ! Cela vaut aussi pour un homme boulimique ou imbu de lui-même ou confronté à toutes sortes d'autres difficultés.

Vous arrive-t-il de faire appel à un psychologue ?

Eventuellement, dans les cas les plus aigus. Mais il convient aussi de prêter attention à l'accompagnement spirituel. Non pas tant pour « guérir » dans le sens d'effacer le problème, mais pour aider ce frère à essayer de toucher aux racines de sa difficulté, et à assumer cette situation dans la communion du Christ sans refouler ce qui le gêne.

Tout comportement déviant n'est pas à attribuer obligatoirement au péché personnel. On ne peut nier toutefois que le mal est actif : il y a quelquefois des volontés tordues qui, délibérément et de façon responsable, replient l'individu sur lui-même, vers son profit immédiat, contre l'autre. C'est ce que saint Paul appelle la « volonté mauvaise ». La tradition monastique nomme cette réalité « volonté propre » et cherche à la déraciner pour permettre la croissance d'une volonté positive, ouverte et constructive.

Une des blessures caractéristiques de notre époque provient de l'« absence » des pères de la génération de 68. La diagnostiquez-vous chez les jeunes moines ou postulants ? Dans ce cas, est-ce au père abbé de « compenser » cette absence ?

Chaque cas est bien particulier, il n'est pas possible de faire de règle générale. La place du père a beaucoup évolué dans la cellule familiale : elle est moins repérable. Il est inévitable que certains puissent en ressentir le manque. Le père abbé n'est pas appelé à jouer un rôle que le père naturel n'a pu jouer : il est là pour manifester une présence, celle du Christ, à la fois fraternelle et exigeante. Mais il n'est pas seul, il y a aussi le maître des novices, le confesseur, le prieur, l'économe, les responsables d'emplois. Certains parmi tous ceux-là représentent le pôle de la loi et d'autres celui de la proximité, de l'écoute, de l'accompagnement. Le père abbé est à la jonction de toutes ces fonctions symboliques : tantôt il est comme un tendre père, plein de compréhension, tantôt il est une référence à laquelle on ne peut se soustraire. Le plus important est que chacun joue son rôle d'une manière complémentaire.

L'amitié, c'est important !

Autre aspect important dans la vie des hommes et des femmes d'aujourd'hui, les relations interpersonnelles. L'amitié a-t-elle une place au monastère ?

L'amitié est multiforme. Avec un frère, l'amitié se vit souvent dans une complicité non dite : on réagit sur les mêmes registres, il y a une collaboration heureuse, un soutien mutuel par un mot échangé ou par une conversation plus approfondie. Il y a aussi les liens d'amitié avec des personnes extérieures au monastère. Ce sont des relations plus libres d'une certaine manière, car elles n'engagent pas la vie commune ; elles nécessitent moins de « réserve », mais par ailleurs elles appellent aussi une certaine prudence pour trouver un juste équilibre. Je crois souhaitable, quand cela est possible, de nourrir ces amitiés-là. C'est un domaine que je laisse vivre assez facilement. Une amitié sincère peut permettre de dépasser des obstacles.

Je crois savoir que vous êtes vous-même très attaché aux relations d'amitié, y compris avec des femmes. N'avez-vous jamais senti de risques d'ambiguïté ?

Devant certaines demandes un peu ardentes en matière d'amitié, j'essaie toujours de faire comprendre qu'il est important de ne pas en rester à une relation exclusive, mais de vivre un attachement ouvert à l'infini avec autant d'amitié pour chacun et pour tous, de manière très belle et très forte. Je crois qu'il y a vraiment moyen pour un homme, pour un moine, de vivre une telle amitié avec des femmes comme avec des hommes, sauf évidemment si le sentiment éprouvé ne permet pas la maîtrise de soi dans le registre de l'affectivité. Dans ce cas, il faut avoir la lucidité de se retirer. Jusqu'à présent, quand une relation d'amitié s'est présentée dans ma vie, j'ai toujours pu nourrir cette dimension de relation non exclusive. Il ne s'agit pas de dire : « Nous allons rester simplement bons amis. » Si on dit cela à une personne brûlée par le désir, on ne va réussir qu'à la frustrer. Au contraire il s'agit d'établir une relation fondamentale. Une relation qui pour moi est en Christ et qui peut apporter un bonheur tout à fait extraordinaire et d'une certaine manière essentiel. Les expériences que j'ai pu avoir en ce domaine sont parmi les plus belles de ma vie.

Il n'est donc pas interdit de laisser vivre ses sentiments au nom d'une discipline ascétique ?

A condition d'éviter deux écueils. Il ne faudrait pas par exemple qu'une amitié devienne un tel absolu que le Christ soit second, alors que l'Evangile nous appelle à Lui donner la première place. Seule la rencontre que nous avons avec Lui nous réunit tous en fils du même Père. L'Evangile nous dit que le Christ est central, que le Christ est notre relation privilégiée et que c'est avec Lui que l'on trouve le véritable sens des autres relations. Le deuxième écueil à éviter serait que cette amitié nous détourne de l'écoute de la Parole de Dieu. Car cette Parole entendue, méditée, partagée, ordonne notre vie et, comme le dit Jésus, « ma mère et mes frères (et on peut rajouter mes amis), ce sont ceux qui écoutent la Parole de Dieu et qui la gardent ».

N'est-ce pas cela la chasteté ?

Effectivement la chasteté est la juste relation. Cela n'empêche pas d'éprouver beaucoup d'amour, ni même de l'exprimer, à condition que ce soit juste, et que cette justesse soit bien manifestée dans notre attachement premier au Christ.

Et la sexualité ?

Votre célèbre confrère bénédictin Anselm Grün, dans un livre intitulé L'identité masculine en question, *note : « L'homme est par essence créateur, et sa sexualité une énergie créatrice. » Comment un moine peut-il accueillir positivement cette « énergie créatrice » tout en vivant la chasteté ?*

Il est important de souligner que le moine doit vivre constamment, dans une décision réaliste, le renoncement à la pratique génitale, et plus largement à toute attitude non chaste. Mais cela ne veut pas dire pour autant que le moine renonce à sa sexualité, car la sexualité s'exprime sous bien d'autres formes que la mise en œuvre d'une relation dans le désir charnel ! La sexualité est une énergie manifestée dans le désir puissant d'une juste relation respectant toutes les dimensions de la personne. Un certain discours religieux sur la sexualité n'est pas toujours totalement adapté ; son côté très moralisateur et souvent réducteur ou très enfermant peut faire oublier la dimension extrêmement dynamique et très large de cette force vive déposée en l'homme.

Il y a une question délicate sur laquelle on ne peut pas faire l'impasse aujourd'hui, celle de l'homosexualité. Quand un jeune qui a des tendances homosexuelles demande à entrer au monastère, quelle attitude adoptez-vous ? Le refus systématique est sans doute le meilleur moyen de ne pas avoir d'ennuis, mais est-ce une attitude satisfaisante quand certains ont sans doute de grandes qualités humaines et une vraie vocation ?

Disons d'abord qu'il y a autant d'homosexualités que de personnes homosexuelles et que l'on ne peut pas établir une règle générale. Lorsque l'homosexualité se situe au niveau d'une simple inclination affective, il faut essayer de la resituer à sa juste place et voir si elle peut se vivre chastement dans une vie communautaire. Par contre, une homosexualité reconnue comme compulsive ne peut pas trouver sa place dans le cadre du monastère. Il y a enfin le cas – dont il faut souligner l'importance actuelle – de personnes qui, encouragées par le discours dominant de la société, ont été amenées à faire des expériences homosexuelles sans pour autant être enfermées dans une structure psychologique particulière. Dans ce cas, il me semble important d'éclairer la question de l'identité : on peut avoir fait des expériences homosexuelles sans être pour autant homosexuel. Peut-être a-t-on éprouvé une certaine satisfaction ou un sentiment de reconnaissance dans des relations homosexuelles passagères, mais cela n'a pas été décisif. Il s'agit d'essayer d'y voir plus clair dans la question « qui suis-je ? ». En résumé, pour ma part, je préfère discerner au cas par cas.

Vous n'excluez donc pas automatiquement une personne homosexuelle.

Je n'exclus pas d'accueillir dans le cadre du monastère une personne homosexuelle susceptible de vivre chastement. L'accompagnement spirituel pourra y aider. Il s'agit de mieux se connaître pour être vraiment soi-même. La problématique de la chasteté se pose aussi pour des hommes hétérosexuels, perturbés par une sexualité qui occupe trop d'espace dans leur esprit. Il faut dire clairement qu'au monastère tout ce qui a trait à la génitalité n'est pas d'actualité : c'est un choix que nous faisons et qui engage toute notre vie.

Vous faites allusion à la masturbation ?

J'évoque la relation génitale avec un partenaire, mais, puisque vous me posez la question de la masturbation, je dirai simplement que c'est une pratique qui n'a rien de très constructif, spécialement si elle est obsessionnelle. Le moine comme tout homme ou toute femme n'est heureux que dans la mesure où il peut éviter le repli sur lui-même et vivre des relations ouvertes avec les autres. Toute source de repli génère toujours beaucoup d'insatisfaction ; ce n'est donc pas l'idéal pour vivre harmonieusement, mais il n'y a pas lieu non plus de focaliser sur cette question.

Des hommes entre eux

Quand je vous regarde chanter l'office, je ne peux m'empêcher de me demander si cette vie quotidienne, toujours entre hommes, n'est pas desséchante. Alors que selon l'anthropologie biblique elle-même, l'humanité est fondamentalement homme et femme.

Si l'on regarde les époques antérieures, il y a eu dans le monde chrétien des amitiés extraordinaires entre des hommes et des femmes. Ce sont souvent les plus grands saints qui ont vécu les plus belles relations. En ce qui concerne l'époque actuelle, il est vrai que l'évolution des mentalités nous interpelle fortement ; nous sommes invités à inventer un nouveau positionnement des relations entre hommes et femmes. Cela dit, soyons clairvoyants : l'interpellation qui nous vient de la société aussi bien sur l'identité de l'homme et de la femme que sur leur relation n'est pas toujours juste. Elle porte la marque d'un ou deux siècles de rationalisme, teinté en outre d'émotionnel très subjectif. On mesure actuellement la profondeur d'une relation à l'intensité de l'émotion qu'elle déclenche : plus on est ému par la relation qu'on éprouve, meilleure elle est ! Ces images, fortement relayées par la publicité, provoquent un effet de mode et de masse, auquel on cède souvent pour avoir quelque chance d'être simplement reconnu. Bref, je ne suis pas sûr que le modèle de la relation hommes-femmes proposé extérieurement par les sociétés riches soit le bon et je crois que l'univers chrétien a quelque chose de différent et d'utile à dire.

Mais encore ?

Dire qu'hommes et femmes sont différents et qu'il faut assumer cette différence. Elle est heureuse, belle, positive. Dans la pensée chrétienne, on pourrait dire que l'homme et la femme sont signes l'un et l'autre du Christ mais de deux manières distinctes. L'homme peut être signe du Christ dans son incarnation, dans son passage au monde, et la femme est signe du Christ dans son accomplissement, c'est-à-dire dans son corps dernier qui rassemble toute l'humanité ; elle est signe du Christ dans sa capacité d'enfantement d'une humanité nouvelle. Si l'on reconnaît vraiment cette complémentarité dans l'ordre du signe, elle va se traduire dans la réalité de l'un et de l'autre, aussi bien au niveau de la relation personnelle que dans la société. L'un et l'autre prendront des responsabilités qui ne seront pas tout à fait du même ordre et, s'ils prennent les mêmes, ils ne les vivront pas de la même manière : cela donnera à rencontrer le Christ à travers ces hommes et ces femmes sous des angles différents.

Il est vrai que notre société est un peu perdue quant à l'image et aux rôles respectifs de l'homme et de la femme. Mais l'Eglise n'est-elle pas également responsable d'images caricaturales de la femme qui ne peut être que vierge, mère ou prostituée... ? Bref, des images soit idéalisées, soit diabolisées, en tout cas bien éloignées de la réalité des femmes que l'on peut rencontrer, dans une altérité qui tienne compte de toutes leurs composantes.

Je n'ai pas été confronté à ce type de vision caricaturale à Ligugé. Je crois que les différents responsables de la communauté étaient assez sensibilisés et ouverts à l'amitié féminine et ont apporté un peu de respiration. Je circule pas mal dans les communautés et je ne suis pas sûr que les moines et les moniales soient les plus touchés par ce problème car il y a une certaine liberté intérieure chez les moines : on est heureux d'être en contact avec des personnes de l'autre sexe et de construire quelque chose avec elles.

N'est-il pas indispensable qu'une communauté puisse avoir l'apport d'une pensée et d'une sensibilité de l'autre sexe ?

Cela me semble juste et bon. Et je vous avoue qu'à titre personnel c'est d'une grande importance pour moi.

Ne pourrait-on pas envisager des couples à l'intérieur de la vie monastique ?

Des hommes et des femmes mariés ne peuvent être « moines » au sens strict puisque moine veut dire « seul » à différents points de vue, dont celui, justement, du célibat. Le moine vit dans la solitude, il n'est pas marié et il cherche l'unité intérieure. Le célibat monastique veut faire signe d'une vie au-delà de cette vie, où nous aurons une relation commune qui sera de l'ordre de l'amour total et qui ne comportera pas de relation privilégiée avec un être particulier... Heureusement cependant qu'il n'existe pas que des moines, sinon l'humanité serait vouée à l'extinction ! Ce que l'on peut en revanche envisager c'est que des hommes et des femmes mariés puissent vivre communautairement selon les critères des premières communautés chrétiennes.

N'est-ce pas ce que vivent certaines communautés nouvelles qui rassemblent sous le même toit des couples et des célibataires consacrés ? Cela vous semble-t-il une voie d'avenir ou une voie sans issue ?

Il me semble difficile de faire cohabiter dans une même maison des couples et des célibataires consacrés, si la séparation des lieux de vie pour les uns et les autres n'est pas suffisante. Il y a eu d'autres expériences de ce type dans l'histoire sous des formes variées, et aucune n'a perduré. Plus une vie communautaire rassemblant différents états de vie est foisonnante, avec des gens riches de cœur et d'intelligence, plus il doit être difficile de garder la mesure dans la relation mutuelle. J'ai séjourné il y a quelques années dans une communauté nouvelle. Cette vie commune avec des hommes et des femmes beaux, intelligents et spirituels était vraiment pleine de charme. Vous me direz qu'il faut savoir ce que l'on veut ! Je vous répondrai que ce n'est pas aussi simple que cela : si on est appelé au célibat consacré, il faut prendre un certain nombre de moyens pour mener cette vie à bien. Ce qui ne veut pas dire que l'on va rompre avec toute relation féminine, mais que l'on va garder une certaine mesure dans le regard porté les uns sur les autres et que l'on ne va pas tout partager. Je ne vois pas d'avenir possible dans cette formule d'une vie commune sans un minimum d'organisation différenciée. Par contre, je vois une autre formule d'avenir possible et utile pour le monachisme : une communauté de moines ou de moniales vivant cette dimension du célibat, inscrite au cœur de l'institution monastique comme lieu de travail sur soi et en communauté, mais qui serait entourée de réalités multiples constituant une communauté chrétienne locale dans le style de la communauté primitive, le groupe monastique y ayant sa place propre et bien délimitée.

Pôle féminin et mystique

A travers tout ce que vous faites et dites, il me semble que vous êtes personnellement très sensible à l'apport spécifique du féminin.

Il y a actuellement dans notre société une recherche extraordinairement intense concernant l'apport féminin qui ne peut pas nous laisser indifférents. Je pense à certains films de Truffaut ou d'autres cinéastes qui savent dépasser les images perturbées sur l'identité des sexes et qui présentent le visage de la femme à la manière d'une icône très belle, sous les traits d'actrices fabuleuses. Je me souviens d'un film de Claude Sautet avec Emmanuelle Béart dont le titre était, je crois, *Un cœur en hiver*. Elle était magnifique, parfaitement incroyable, avec toute la perturbation sentimentale qui l'habitait, mais dans la recherche intérieure de quelque chose qu'elle pressentait sans l'avoir trouvé. Dans le domaine musical, il y a aussi de belles recherches. Les femmes y font un travail d'une extrême finesse. Il m'est arrivé de collaborer avec des ensembles vocaux féminins et de percevoir à quel point les axes de recherche peuvent être abordés avec une sensibilité et une intelligence intuitives que l'on rencontre peut-être moins spontanément chez les hommes. Je pense aussi à des femmes compositeurs dont on parle de plus en plus et qui apportent au langage musical une pertinence et une force très particulières.

Vous parlez des femmes, mais une personne équilibrée n'est-elle pas celle qui aura su développer et son pôle féminin et son pôle masculin ? C'est très frappant dans la vie mystique. Sainte Thérèse d'Avila s'en donne à cœur joie dans le dialogue amoureux avec Jésus puisqu'elle est une femme. Mais comment en parlera un homme s'il ne développe pas son pôle féminin ?

Au Moyen Age, les auteurs spirituels ont contourné l'obstacle en disant que c'était l'âme qui était amoureuse de Dieu. Mais Dieu n'est ni un homme ni une femme, Il n'est pas une réalité qu'on enferme dans des catégories. Il passe par le visage des autres, qu'ils soient hommes ou femmes. En vous rencontrant là maintenant – d'autant plus facilement que nous parlons de sujets fondamentaux –, c'est Dieu que je rencontre, comme je Le rencontrerai d'une autre manière tout à l'heure dans l'eucharistie.

Pas autant...

Ah si, autant ! C'est évident puisque la personne humaine est un tabernacle, elle est le temple de l'Esprit. Si vous êtes temple de l'Esprit, je n'ai qu'à m'incliner. De plus, vous êtes le temple de l'Esprit comme une femme. Il ne s'agit pas d'une relation éthérée, informe, mais concrète et sexuée, et qui peut se vivre selon toutes les caractéristiques d'une grande complémentarité parfaitement équilibrée dans la liberté.

Je reprends ma question : dans la vie mystique, dans la prière, est-ce que l'on ne développe pas son pôle féminin ?

Je ne sais pas. Je crois que, selon les tempéraments, on a plus ou moins un pôle féminin ou masculin et cela se déploie à travers toutes les choses de la vie. Voyez-vous, je ne mettrais pas la vie mystique purement et simplement du côté de la prière ou de la rencontre avec Dieu dans la recherche intérieure. Je ne crois pas que ce soit cela la vie mystique. Je pense que chaque aspect de notre vie est de l'ordre de la vie mystique et que nos réponses comportent toujours une dimension féminine et une dimension masculine. Le Christ lui-même a manifesté ces deux dimensions dans sa réponse au Père. Il a fait preuve d'une intelligence intuitive particulièrement fine, mais il a aussi serré les dents en prenant la route de Jérusalem : il a eu à la fois un sens aigu de la proximité et d'une juste distance. Il a exercé l'autorité d'une manière pleine et entière et il a accompagné la difficulté que certains ressentaient à le suivre. Par ailleurs, les femmes étaient heureuses avec le Christ car elles sentaient qu'Il les comprenait.

C'est pour cela que le personnage de Marie-Madeleine a inspiré tant de romanciers !

Oui, c'est une figure très poignante. Je trouve cependant très malvenu de limiter, comme le font certains de nos contemporains, la relation du Christ avec Marie-Madeleine à une relation supposée charnelle, ce qui est totalement hors de propos pour un chrétien, alors qu'il est possible entre les hommes et les femmes de vivre quelque chose de l'ordre de l'amitié qui va tout aussi loin que la relation amoureuse, sous une autre forme et d'une étonnante puissance. Certains peuvent avoir peur de cette relation tant elle leur paraît inouïe. Pour ma part, je crois qu'il faut vivre cette relation quand elle est offerte et en témoigner. D'abord parce que c'est un beau cadeau, un grand bol d'air frais, et par ailleurs un chemin de salut.

Certes, la rencontre des esprits et des corps mêlés peut être un lieu de perception de l'amour, un lieu étonnant de révélation et de bonheur, mais la relation entre les hommes et les femmes ne se limite pas à cette dimension. Si l'on se cantonne au désir amoureux dans le registre de la séduction, il sera très difficile de vivre une dimension harmonieuse qui réponde au souhait profond de l'un et l'autre membre du couple pendant des années car chacun se transforme. Il pourra arriver alors qu'on soit poussé à chercher ailleurs la satisfaction à laquelle on aspire. Finalement, il n'est pas étonnant que certains de nos contemporains réduisent la relation de Jésus avec Marie-Madeleine à une relation de désir charnel, car l'infinie variété de la palette relationnelle entre un homme et une femme n'est pas très facile à percevoir et à développer. C'est seulement en la vivant que l'on peut la comprendre.

CHAPITRE 5

Des moines dans la société

Un moine choisit de se retirer du monde. Pourtant, depuis que je vous écoute, je suis frappée par le fait que vous faites sans cesse référence aux mouvements de notre société, qui manifestement ne vous laissent pas indifférent.

Si les moines ont pris du recul par rapport à certains modes de vie, ils font néanmoins partie de cette société et ils sont tributaires de toutes ses dimensions. Le monastère autarcique relève d'une vision très romantique du Moyen Age ; dans les faits, cela n'existe pas. La communauté monastique se situe bel et bien à l'intérieur d'une société, que ce soit en matière commerciale, économique, culturelle ou sociale. A travers nos différentes activités (émaux sur cuivre, pâtisserie, librairie, hôtellerie, infirmerie, cuisine...), nous avons quelque deux cent cinquante fournisseurs. Un moine enseigne à l'Institut catholique de Paris, d'autres sont attelés à des travaux intellectuels. La part de travail et la part culturelle sont très importantes pour nous. Cette société, c'est la nôtre et nous travaillons à sa transformation.

Sans domicile et sans papier

A côté du travail professionnel des moines, un des modes de présence au monde de votre communauté, dans la fidélité à saint Martin, est votre engagement vis-à-vis des pauvretés, soit dans le cadre de l'hôtellerie, soit dans celui d'un accueil d'urgence pour les sans-domicile.

Les monastères ont toujours été concernés par la pauvreté car les personnes dans le besoin ont toujours frappé à leur porte. A Ligugé, nous avons un accueil d'urgence qui héberge pour la nuit des routards. Nous accueillons aussi à l'hôtellerie des personnes confrontées à des situations personnelles, professionnelles ou familiales dramatiques. Ceux qui restent plus longtemps participent à certains services communautaires, ils peuvent discuter avec un moine et rencontrer d'autres personnes qui séjournent à l'hôtellerie. Souvent il se passe quelque chose d'important pour nos hôtes durant leur séjour.

Il y a une dizaine d'années, nous avons vécu une aventure passionnante. On avait mis à notre disposition une maison d'accueil à quelques kilomètres de l'abbaye, et il m'avait semblé important de mettre sur pied une structure pour un hébergement à plus long terme. Nous avons créé une association qui employait des salariés. Les collectivités territoriales étaient favorables et nous accordaient des aides substantielles. Les SDF pouvaient être accueillis jusqu'à six mois dans cette maison. J'étais ravi de participer à cette belle aventure. Hélas, elle n'a pas pu continuer pour diverses raisons. Cela a été pour moi une douleur de devoir arrêter ce projet alors que j'étais au contraire persuadé qu'il fallait ouvrir beaucoup d'autres maisons de ce type, pour participer à notre manière à la construction d'un tissu social un peu différent de celui qui existe aujourd'hui. Quand on peut permettre aux pauvres d'émerger pour continuer leur chemin, ils sont autrement créatifs que les gens installés dans les exigences d'une vie trop conventionnelle. J'ai dû me retirer, aussi pour ne pas me disperser par rapport à la vie de la communauté, qui sans doute ne se sentait pas suffisamment impliquée dans cette entreprise. Mais je reste persuadé que poursuivre cette tâche aurait pu faire partie de mon devoir. Vous savez, au Moyen Age, les moines étaient très investis dans ce genre d'initiatives sans s'encombrer de scrupules : il y avait des pauvres et des malades, on créait une école ou un hôpital. Cela ne gênait ni la prière ni la vie fraternelle. Il ne faut pas d'un côté des gens qui prient et de l'autre des gens qui militent concrètement. Non, il faut que tout le monde travaille et que tout le monde prie. Peut-être n'ai-je pas été assez courageux pour continuer. C'est une expérience tellement précieuse que de vivre avec des personnes qui ne peuvent faire autrement que d'aller à l'essentiel !

Vous accueillez donc les pauvres. Mais allez-vous à leur rencontre, vous qui êtes attachés à un lieu ouvert, certes, mais somme toute protégé ?

Le monastère travaille en lien avec une association sénégalaise, « Pour le sourire d'un enfant »[1], qui s'occupe des enfants des rues dans la ville de Thiès. L'association est

1. Association « Pour le sourire d'un enfant », BP 378 A, Thiès, Sénégal.

fortement investie auprès des mineurs en prison car les enfants de la rue sont confrontés à la justice de manière lourde et parfois bien mal venue au regard de la banalité de certains actes commis. Il y a donc un travail engagé avec le ministère de la Justice au Sénégal qui dépasse de beaucoup les seuls enfants de Thiès. Nous participons financièrement à la vie de l'association mais aussi par une aide concrète et ponctuelle sur place : mise en place du système informatique ou conseils pour la gestion. Pour ma part, je me suis rendu à Thiès dans la perspective d'un partage sur le plan humain et fraternel qui me semblait important de part et d'autre. Une telle démarche fut en effet l'occasion de rencontres bouleversantes et décisives mais aussi d'une réflexion plus globale et d'une participation concrète à la réalité d'un pays comme le Sénégal dont la place est devenue déterminante dans le continent africain et dans le monde.

La tyrannie du tout économique

La culture est l'un des engagements qui vous tient personnellement le plus à cœur. Pourquoi ? Est-ce là l'effet de votre formation de musicien ?

Oui, mais c'est avant tout parce que la culture est un vecteur social capital. Il y a, par le biais de la culture, un moyen de tempérer la prépondérance du tout-économique dans notre société. Ce n'est pas une voie facile, car trop souvent les responsables de manifestations culturelles les conçoivent plutôt comme des activités de loisirs pour le bien-être du public dans des lieux et des temps bien délimités. Il me paraît au contraire important d'arriver à retrouver une veine culturelle qui s'inscrive dans le quotidien et dans tous les secteurs de notre vie. Cultiver l'art d'habiter un lieu, d'être en relation les uns avec les autres, de dire et de faire les choses avec tous les moyens que donnent la connaissance, la sagesse et le savoir-faire est un moyen d'échapper à cette pression de l'« avoir toujours plus » pour être heureux. Le message serait alors : plus vous saurez vivre et développer ce qui vous est donné, plus vous serez heureux et plus vous arriverez à surmonter les difficultés de tous ordres. Je suis personnellement engagé dans ce combat par le biais de la musique et je le considère comme un combat social. C'est peut-être un peu idéaliste mais je préfère pécher par excès que par manque en ce domaine.

N'est-ce pas ce type de message qui ressort par exemple de deux films à succès : Amélie Poulain *où l'amour d'une jeune femme rayonne sur le quartier de Montmartre, et* Les choristes *où la musique transforme le collège et les relations ?*

Il faut être très attentif à ces signes. Les chrétiens sont bien placés pour habiter ce type de préoccupations. Le malheur c'est qu'il y a un fossé énorme entre les milieux culturels et la vie de l'Eglise. Dans le domaine musical, c'est particulièrement manifeste. On sent en bien des endroits des attentes particulièrement fortes en matière d'harmonie, de beauté, de valeurs éprouvées. Certains artistes mettent en œuvre toutes sortes de moyens pour répondre à ce type de demandes. Des films comme ceux que vous citez n'ont pas eu la faveur de la critique mais ont remporté un succès inespéré auprès du grand public.

L'Eglise ne peut que prendre acte d'un tel intérêt. Malheureusement, elle manque souvent de savoir-faire pour participer d'une manière ou d'une autre à l'élaboration de supports artistiques susceptibles de dire exactement ce qu'elle croit et ce qu'elle espère.

Finalement, quel regard portez-vous sur cette société, que vous dites être aussi la vôtre ?

Je dirai d'abord qu'elle est passionnante, foisonnante, avec des évolutions qui n'ont jamais connu une telle intensité. On ne cesse de découvrir des choses nouvelles, on peut aller toujours plus vite et plus loin. Si l'on compare la situation actuelle en France avec celle du 19e siècle par exemple, il est évident que la qualité de la vie a atteint un niveau incomparablement plus élevé et cela est très positif. On a des possibilités immenses en matière de loisirs, de vie intellectuelle et relationnelle. Le problème est qu'un tel foisonnement ne permet pas toujours d'y voir clair et que les progrès de l'éthique ne vont pas toujours aussi vite que ceux des sciences ou même des structures. Par ailleurs, il serait bon que l'individu, toujours plus autonome, garde malgré tout une référence transcendante. Il est indispensable qu'il y ait un troisième terme entre l'autre et moi-même. En fait, le plus souvent, on doit se débrouiller tout seul pour trouver sa vérité, pour s'affronter aux autres, pour être le meilleur.

Même les monastères, notamment dans le domaine économique, sont confrontés à ce type de difficultés. Si notre foi est bien présente dans les choix que nous posons, nous sommes néanmoins aux prises avec la logique économique et commerciale ambiante. Il faut se battre pour réussir, tout en essayant de rester juste, avec les risques que cela comporte. Les termes « économie » et « échange » sont parmi les plus beaux de la langue française, mais appliqués à la vie économique, ils peuvent être dévoyés. A l'origine, le mot « économie » désigne la manière harmonieuse d'organiser la vie de la maison. Il est vraiment important que des solidarités de groupe se mettent en place pour ne pas être débordé par la tentation du tout-économique.

Je ne pense pas que nos sociétés soient indifférentes à des dimensions qualitatives, mais il ne faut vraiment pas être seul pour pouvoir les vivre au quotidien. Telle est bien la voie de l'avenir.

Une analyse assez sombre !

Je crois que nous sommes en train de vivre des transformations radicales. Nous sommes témoins et nous participons à des mutations profondes qui nous engagent à imaginer du nouveau. Les populations riches sont appelées à se renouveler. Les mouvements migratoires sont importants au niveau mondial, les rencontres démultipliées entre les cultures ne sont pas faciles mais peuvent être aussi une grande richesse. Le dialogue interreligieux est constamment à l'ordre du jour même si des comportements extrémistes lui nuisent parfois. L'équilibre entre les pays du Nord et du Sud est loin d'être trouvé, un effort prioritaire s'impose à ce sujet. L'explosion de certains pays africains donne à réfléchir. Il est urgent de considérer les atouts que nous avons en main et de nous situer dans un contexte de refondation, de reconstruction. Le plus urgent est de remodeler le tissu humain et d'acquérir une structure de pensée suffisante pour passer l'épreuve. Aussi bien dans la société que dans l'Eglise. De bonnes intentions ne peuvent suffire pour faire face. On se trouve confronté à des questions de fond. Il est nécessaire de trouver des références fiables. La puissance de l'argent et l'idéal d'une consommation toujours accrue ne sont sûrement pas des valeurs motrices. Nous attendons aujourd'hui des hommes politiques capables de proposer une autre manière de vivre dans un partage ajusté des richesses aussi bien à l'intérieur de chaque pays qu'entre les nations. Les fondements structurels de nos sociétés sont profondément troublés. De même, on le sait, toute notre attention doit se mobiliser sur l'avenir de la planète victime de notre comportement et dont le développement durable est menacé. De nombreuses propositions se font jour en ce sens, il est important de les mettre en œuvre et de les diffuser. Il est bien clair que beaucoup commencent à aspirer à un autre modèle que celui des sociétés riches. Le succès des romans de Tolkien, dont *Le seigneur des anneaux*, véritable mythologie moderne d'inspiration indéniablement chrétienne, est assez révélateur à ce sujet. Tolkien était un professeur d'université anglais. Spécialiste de littérature et de langues anciennes, il avait conçu un univers irréel pour parler de notre monde. Il était profondément chrétien et a déclaré à plusieurs reprises que son propos se référait explicitement à cet héritage.

Réfléchir ensemble au-delà des idéologies

Devant la redoutable complexité des questions nouvelles, nous avons besoin de structures de pensée et de références éthiques fortes. En nous lançant dans le clonage thérapeutique par exemple, ne risquons-nous pas de perdre nos assises anthropologiques ?

Nous sommes dans une étape du processus de développement des mentalités selon l'esprit scientifique. On ne peut pas refuser d'entrer dans ce mouvement de développement des connaissances qui comporte de nombreux points positifs. Mais cela a des conséquences sur notre vie la plus quotidienne, et exige des choix éthiques toujours difficiles. Ces choix portent aussi sur des manières de vivre en société, en ce domaine comme en celui de la médecine, de l'industrie ou actuellement de l'informatique. A chaque étape, de nouvelles questions sont posées tout aussi graves les unes que les autres. Quand les gens du 18e siècle ont eu à prendre conscience que l'esclavage était insoutenable, ils se sont trouvés devant un problème éthique comparable à celui que nous rencontrons devant les situations d'inégalité entre le Nord et le Sud.

Qui fera ces choix éthiques difficiles ?

Il serait impératif de renforcer un dialogue tripartite entre la société laïque, les religions et le monde scientifique, pour éclairer nos choix aussi bien en matière d'équilibre des nations, qu'en matière d'éthique biologique ou de problèmes sociaux, afin que les décisions ne soient pas seulement dictées par l'économique. Il est vrai que l'on a fait des progrès remarquables avec la multiplication des comités d'éthique. Les gens ont appris à réfléchir ensemble au-delà des idéologies. Mais les questions posées sont de plus en plus difficiles. Par exemple : le clonage thérapeutique est-il un plus ou une menace pour l'humanité ? Pourquoi ? Pour l'Eglise catholique, on le sait, ce processus n'est pas envisageable. Cependant une telle position de l'Eglise ne doit pas empêcher la proximité, l'amitié et la réflexion avec des personnes qui ne partagent pas ce point de vue : tous doivent travailler ensemble pour le bien de l'humanité, quel que soient leurs désaccords. Mais tout allant tellement vite aujourd'hui, la question est de savoir si ceux qui sont chargés de faire avancer les propositions nécessaires en matière d'éthique seront aussi rapides que les autres. Par définition, celui qui réfléchit sur les conséquences des événements est forcément plus lent que celui qui n'a qu'à les vivre ou les produire. Et puis il est tellement facile d'étouffer tous ceux qui ont une parole un peu prophétique et donc susceptible de gêner le développement économique de ceux qui tirent profit de la situation !

Deux tendances majeures m'inquiètent : l'impérialisme de l'économique et du bien-être matériel, et la prééminence du plaisir immédiat qui enfouit le sens. Quand on se contente des émotions comme manifestation d'une certaine vie de l'esprit, on est paradoxalement dans le matérialisme. L'une des conséquences majeures de ces deux tendances est le rapport problématique qu'entretiennent nos sociétés riches avec la maladie et la mort. Comme je vous le disais, un monastère n'échappe pas forcément aux influences de la société. Une simple anecdote : un jour, durant un temps de détente, un film dont la critique avait beaucoup parlé avait été programmé en salle de communauté. Voici qu'à ma grande surprise il s'agissait d'un film particulièrement violent d'une manière totalement gratuite, à mes yeux au moins. Les moines plus jeunes ne semblaient pas très perturbés par les images qui défilaient sur l'écran. J'ai réagi vivement : « Vous êtes tombés sur la tête, qu'est-ce que vous cherchez là-dedans ? »

La violence, comme la sensualité, devient un lieu d'expérimentation des limites de notre être, ce qui n'est pas sans rapport avec une quête spirituelle mais totalement matérialisée et relativisée. Ce qui m'inquiète le plus, c'est cette référence très matérielle qui laisse difficilement place à une réalité autre. Comment la richesse qui habite un cœur peut-elle se satisfaire de l'ambiguïté de la simple émotion ? Peut-être y a-t-il là une volonté d'échapper au carcan du rationnel pur qui conditionne tellement nos modes de pensée officiels.

Notre civilisation a été marquée pendant des siècles par les rites et les valeurs chrétiens. Maintenant que le « régime de chrétienté » s'est effondré, pensez-vous que l'Eglise puisse encore avoir son mot à dire dans une société où elle est devenue nettement minoritaire ?

Le régime de chrétienté s'est effondré depuis longtemps dans le domaine de la politique comme dans celui de la morale ! On ne peut plus employer ce terme de « chrétienté ». Par contre le christianisme a encore son mot à dire, mais comme une sphère de pensée à côté d'autres sphères de pensée ; il ne détient plus d'influence majeure. Cela dit, que l'on refuse de reconnaître les racines chrétiennes de l'Europe est par ailleurs absurde et même scandaleux. Le simple bon sens oblige à prendre cet élément en compte pour comprendre notre histoire et notre développement. On pourrait aussi évoquer à ce titre les références personnelles des fondateurs de l'Europe, Robert Schuman ou Alcide De Gasperi, dont le premier fait actuellement l'objet d'une procédure de béatification. Sans le christianisme, l'Europe ne serait pas ce qu'elle est. Les historiens ne peuvent que le constater. Mais il y a encore des gens pour penser que l'Eglise est gênante et qui cherchent par conséquent à minimiser son influence. On ne la persécutera plus, mais sa parole sera étouffée par des voix plus puissantes. Le fait que chaque année les Semaines sociales n'aient aucun écho dans la grande presse, malgré les brillantes interventions qu'elles offrent, est un exemple caractéristique de cet étouffement. Je pense qu'au niveau de la population, la perception est tout autre, de même que l'attente par rapport à la place de l'Eglise. Mais beaucoup d'aspirations profondes sont muselées par un courant dominant qui prétend que le bonheur réside dans l'« avoir toujours plus ». Je suis réaliste et conscient de ce qui ronge la société, mais je continue à croire en un avenir possible et j'y participe de toutes mes forces.

Des attentes paradoxales vis-à-vis de l'Eglise

Les attentes de la société vis-à-vis de l'Eglise sont paradoxales. D'un côté sa parole est rejetée par beaucoup de nos contemporains à cause de sa raideur dogmatique, notamment dans le domaine de la morale privée. D'un autre côté elle est de nouveau timidement sollicitée pour apporter des repères aux individus, mais aussi à la société civile.

C'est bien pour cela que certains parlent non pas de la fin de la religion mais de sa métamorphose. Une institution peut être en déclin, mais à titre individuel et ponctuellement, il y aura toujours des individus qui apprécieront la possibilité d'un recours à des témoins pour les aider à s'inscrire dans une lignée de mémoire, dans une cohérence de générations. Ils en éprouvent le besoin soit pour avancer dans leur vie personnelle, soit pour l'avenir de leurs enfants. Si nous parvenons à créer de bonnes conditions pour ce travail personnel et communautaire, les hommes et les femmes de ce temps vivront des choses dilatantes en prenant leurs responsabilités. Ce qui me semble important, c'est qu'il y ait un travail sur le fond et non pas d'abord sur la forme.

Notre Eglise est invitée à ne pas céder à la tentation de ghetto. Ce repli sur soi nuit beaucoup à l'annonce du message du Christ. La Bonne Nouvelle est aux antipodes de cette attitude. Le Christ rencontre volontiers tous ceux qui croisent son chemin ; il entend leurs questions et n'hésite pas à entrer en dialogue à partir de ces interrogations. Il laisse constamment ouvert le champ de la rencontre.

Mais encore faut-il que l'Eglise offre des lieux où les gens puissent faire ce travail de fond et éclairer leur conscience. Prenons l'exemple de l'IVG. Les entretiens préalables pouvaient être, s'ils étaient bien faits, un lieu non pas pour culpabiliser mais pour aider à une prise de responsabilité consciente des enjeux. En France, ils ont été supprimés par l'Etat. En Allemagne, c'est le Vatican qui a demandé aux évêques de veiller à ce que les associations catholiques ne les pratiquent plus, alors qu'elles faisaient un bon travail !

Dans la question de l'IVG, comme dans toutes les questions touchant à l'éthique de la vie humaine, il importe avant tout de se resituer dans un contexte plus large, celui de la relation aux autres quelle qu'elle soit. Si on ne travaille pas ces questions en amont et en aval, avec des personnes qui peuvent aider à élargir la vision de la relation, on va au-devant de grands drames humains sur toutes sortes de terrain.

Ce qui reste étonnant, c'est que l'on demande à l'Eglise d'avoir une Parole qui donne des repères, à condition que l'on puisse ensuite faire son choix soi-même.

Il faut inventer des lieux de parole-repère où la dimension institutionnelle, officielle, ne soit pas trop prégnante. Je reprends l'exemple des Semaines sociales dont les propositions sont toujours très intéressantes sur telle ou telle question de société tout en restant très souples dans leur fonctionnement. On pourrait imaginer que des évêques disent : « Nous avons entendu aux Semaines sociales des choses très importantes sur tel ou tel point, nous vous y renvoyons. »

Mais la parole ne suffit pas !

Je pense que nous sommes aussi attendus en Eglise sur notre capacité communautaire. Regardez la puissance de témoignage des Eglises locales dans les pays où l'implantation chrétienne est récente, en Afrique, Amérique latine, Asie ou Océanie. Cela tient bien sûr au caractère souvent chaleureux des cultures traditionnelles, mais aussi à la prise en compte réelle des uns et des autres dans le cadre de la communauté chrétienne. Je n'appartiens pas à une institution anonyme, j'appartiens à la communauté d'un lieu. Il importe également que l'Eglise ne soit pas bloquée dans des fonctionnements de type ritualiste avec des membres non investis à titre personnel, et qu'elle fasse par ailleurs état d'une longue histoire et d'un large horizon relationnel qui donne à penser sur la cohérence d'une vie en société.

CHAPITRE 6

« Chemins de musique »

La musique est sans doute votre engagement prioritaire dans la société. Avant de parler du présent, racontez-moi ce qui s'est passé juste après votre entrée au monastère. Avez-vous abandonné le hautbois ?

Quand je suis entré au monastère, mon intention était bien de modérer ma pratique musicale. Je savais que je n'aurais guère plus d'un quart d'heure par jour pour travailler le hautbois ; c'était déjà une chance et une grande joie. Je pouvais jouer pendant certains offices, et n'envisageais aucune autre activité musicale. Je me suis cependant intéressé au chant liturgique, j'ai suivi le cours de chant grégorien au noviciat, j'ai beaucoup lu par moi-même et j'ai interrogé le maître de chœur qui connaissait beaucoup de choses. J'ai découvert un monde fantastique. Le chant grégorien, pour un musicien, est un univers absolument passionnant qui ouvre des possibilités d'expression infinies.

Le grégorien investit la nature humaine

J'avais l'impression qu'il n'y avait pas beaucoup de créativité possible dans le grégorien.

Beaucoup plus qu'on ne le croit, même si actuellement c'est un répertoire clos. Il est en effet infiniment porteur de sens dans la mesure où il ouvre à une compréhension très profonde du phénomène musical. Une bonne étude de ce répertoire peut notamment permettre de nouvelles approches pour la création contemporaine. La difficulté réside dans le fait que l'homme moderne ne possède pas une oreille monodique, c'est-à-dire une capacité d'écoute pure du chant à une seule voix, sans autre support. Nous avons au contraire une oreille harmonique qui a du mal à saisir toutes les nuances de la simple mélodie. La première fois que l'on écoute du chant grégorien, quand on ne connaît pas cette grammaire-là, cela semble un peu monotone. C'est sans doute pour cela qu'en Occident on a habillé le grégorien d'un accompagnement d'orgue. Par ailleurs, au 19e siècle, la mélodie a été interprétée selon les critères d'une approche très immatérielle de la spiritualité. Plus le chant était intériorisé, plus il était spirituel, croyait-on. L'intérêt ne portait pas tant sur la compréhension médiévale de la mélodie que sur l'affect spirituel qu'on y investissait. Même si par ailleurs les travaux savants de restitution des manuscrits étaient particulièrement abondants et utiles. En fait, le chant grégorien, en accord avec son origine médiévale, est un investissement de la nature humaine par toutes sortes de mouvements internes exprimés sur le registre d'une mélodie qui a sa grammaire propre. Il y a très peu de musiciens professionnels, y compris parmi les compositeurs, qui connaissent cette grammaire de la musique monodique.

Vos offices ont tout de même des sonorités sévères et monotones. Pourquoi ne pas avoir choisi un style qui rejoigne davantage la sensibilité contemporaine, comme à Sylvanès avec le père André Gouzes ou comme aux Fraternités monastiques de Jérusalem ?

Quand je suis arrivé à Ligugé, j'ai été moi aussi frappé par cette sobriété, car j'étais bien persuadé que la polyphonie pouvait avoir un rôle très positif dans la prière. Mais au final, la concentration sur la Parole de Dieu, sans possibilité de fuite dans les apparences, a été pour moi une école très riche et j'ai très vite perçu l'intérêt d'une musique liturgique dépouillée. Quand il y a trop de fioritures on peut s'échapper dans une prière sensible. Dans cette rigueur, il se fait un travail profond d'attention à l'essentiel. Je suis touché par la sobriété de nos offices... qui, à la longue, ne sont pas si austères que cela ! C'est un peu comme quand on mange du pain : on s'en nourrit, parce qu'il le faut, sans y trouver un goût extraordinaire ; par contre, si on prend le temps de le mâcher, de le goûter, il va devenir un délice, tout simplement parce que l'approfondissement du goût demande du temps. Il en va de même pour d'autres aliments très communs comme l'eau. Certains diront qu'elle est fade, alors que les eaux sont toutes différentes et s'offrent au goût de mille manières.

Je trouve très intéressant de « coller » à la Parole de telle manière qu'elle puisse être ruminée et passer de la sensibilité et de l'intellect au cœur dans le sens biblique du terme.

La musique est un support fort utile, à condition qu'elle ne constitue pas par elle-même le but dernier de l'expression liturgique en écrasant la Parole. Ce qui se fait à Sylvanès ou aux Fraternités monastiques de Jérusalem est très bien en fonction de ce que ces lieux et ces communautés sont appelés à vivre. Le courant monastique qui est le nôtre a choisi, quant à lui, un certain dépouillement.

Vous arrive-t-il de composer pour la schola, le groupe de chantres qui intervient à certains moments de l'office ?

Je me suis toujours refusé à composer pour la liturgie ; je ne me suis d'ailleurs jamais considéré comme un compositeur. Le grégorien que nous chantons dans la schola remonte à la période du 6e au 8e siècle et s'est transmis de génération en génération avec des modifications considérables. Les communautés qui ont adopté ce répertoire le revisitent constamment, selon leur tradition. Les moines du Moyen Age seraient certainement très surpris s'ils nous entendaient chanter, car leur interprétation devait davantage ressembler à ce que l'on peut encore entendre aujourd'hui dans les traditions orientales. Mais nous chantons aussi un certain nombre de pièces en français écrites par des compositeurs contemporains.

L'époque des concerts à l'Abbaye

Comment le moine, adonné au grégorien, a t-il été amené à s'investir dans un autre type de musique ?

Cela devait être dans les années 80. J'avais terminé mes études de théologie. Un de mes amis qui venait d'être nommé directeur du conservatoire de Poitiers est venu me trouver pour me dire qu'il allait monter la *Passion selon saint Jean* de Bach et qu'il avait besoin d'un hautbois. Je lui ai répondu qu'étant dans un monastère, je ne pouvais envisager de me rendre à des répétitions pour jouer dans un orchestre, et j'ai refusé. Mais cette demande a tout de même produit en moi un déclic.

A cette époque également, je m'étais intéressé à la musique liturgique en français, et j'avais cherché à joindre des compositeurs susceptibles d'apporter leur concours dans ce domaine car je restais sur ma faim par rapport à ce qui existait. Les créateurs de musique « savante » avaient déserté le terrain liturgique depuis longtemps. J'ai écrit à Olivier Messiaen, à Maurice Duruflé, à Claude Ballif. Ils m'ont répondu plutôt négativement. Messiaen avait pris le parti de transporter la louange de Dieu dans les salles de concert avec de grands effectifs. Maurice Duruflé souhaitait que le répertoire grégorien ne soit pas abandonné et Claude Ballif a aimablement composé pour nous une doxologie pour un *Notre Père* tiré de l'une de ses œuvres. Finalement, en 1983, j'ai eu l'occasion de rencontrer le directeur du conservatoire de Saint-Maur-des-Fossés, Pierre Doury. Deux ans plus tard, nous avons organisé ensemble une session « Musique et liturgie », avec un liturgiste, le père Adrien Nocent, pour des moines et des moniales, afin de se réapproprier les bases du langage liturgique. Ce fut le début d'une aventure très intéressante qui m'a incité à franchir un pas de plus pour avoir d'autres interlocuteurs. J'ai été amené à rencontrer beaucoup de musiciens dans le cadre de l'abbaye, notamment comme hôtelier, mais je me suis dit que je ne pouvais en rester là, qu'il fallait que j'aille plus loin.

Aller plus loin, c'est-à-dire ?

Je voulais entrer dans un dialogue plus approfondi, avec d'autres musiciens qui soient géographiquement proches de Ligugé. L'occasion m'en fut donnée par la programmation à Poitiers de la *Messe* de Stravinski. Cela m'intéressait à double titre : cette messe avait été écrite par Stravinski avec une intention liturgique, et je me suis dit que des personnes qui avaient eu l'idée de monter ce genre de messe à Poitiers devaient être intéressantes. Le père abbé a accepté que je me rende à ce concert. C'est à partir de cet événement que j'ai repris contact avec le milieu musical. Il s'est révélé qu'un certain nombre de musiciens avaient envie d'avoir des informations sur le chant grégorien, mais qu'aucun n'avait osé frapper à la porte du monastère. Pour les musiciens, l'univers monastique représente incontestablement un lieu important. Très vite nous avons monté des projets avec des professeurs et des élèves du conservatoire de Poitiers.

Vous voilà donc avec des projets d'organisation de concerts !

Et de grandes amitiés sont nées. Nous avons monté plusieurs spectacles, toujours avec une exigence de justesse par rapport aux préoccupations spirituelles. Par exemple nous avons proposé, dans le cadre de l'abbaye de Ligugé, des vêpres telles qu'on pouvait les entendre au 17e siècle ; ce ne fut pas une mince affaire ! Il s'est alors présenté un musicien à la personnalité extraordinaire, touchant un peu à tous les langages musicaux. Cet artiste, Manolo Gonzalez, a souhaité travailler avec nous. Nous avons collaboré durant une dizaine d'années d'une manière assez intense et c'est avec lui que nous avons eu l'idée d'organiser un festival pour faire partager à un large public le fruit de nos recherches. Cette initiative, le Festival de musique sacrée de Ligugé, a bien fonctionné pendant sept ans, dans le cadre du monastère. Ce fut passionnant car nous étions en dialogue constant ; les musiciens côtoyaient notre vie et notre liturgie même s'ils n'y participaient pas systématiquement. Et, tout naturellement, surgissaient toutes sortes de questions personnelles. Mais au bout de sept ans, il fallait passer à autre chose et élargir nos perspectives.

Nous avions échangé des choses très profondes avec les artistes et ce qui me touchait par le biais de leur art n'était pas si loin de ce dont nous faisons l'expérience dans la prière et la recherche de Dieu. Il y avait donc une zone où nous étions ensemble, quel que soit le nom qu'on lui donne. Pour eux, c'était intéressant de rencontrer des gens qui la nomment « Dieu », car ils s'interrogent tous sur cet au-delà auquel les conduit la musique. Certains l'éprouvent joyeusement, d'autres dans l'angoisse de ne pas savoir de quelle nature est exactement cette expérience. Je connais beaucoup d'artistes que cela rend vraiment malades, et un artiste qui est en souffrance l'est incroyablement, dans tout son être. Alors comment voulez-vous que sur un terrain pareil il n'y ait pas de rencontre essentielle ?

« *Chemins de musique* »

En fait vous avez eu envie d'élargir à un public plus vaste cette intensité relationnelle que vous viviez avec le monde musical, en organisant des manifestations en dehors de l'abbaye !

C'est cela que nous essayons de proposer, depuis l'été 2004, avec l'association « Chemins de musique » qui produit des spectacles, des conférences, des expositions, des séminaires, etc. L'année 2004 fut l'année zéro, avec une semaine de festivités. La prétention était modeste ; il s'agissait de signifier publiquement que nous allions changer de cap. Cela ne se passerait plus uniquement à Ligugé. Ce ne serait plus seulement de la musique à thème religieux. Par ailleurs il y aurait des propositions de réflexion, un aspect pédagogique, un intérêt pour la recherche musicologique, ainsi que des productions éditoriales. En 2004 nous avons produit deux CD, l'un de musique médiévale espagnole, *Cantos de la Vida*, avec l'ensemble Amadis et un autre, superbe, qui s'intitule *Arcae, regards de femmes sur des scènes bibliques*, par l'ensemble Circé. C'est une approche originale, féminine, de l'histoire du salut, à travers des pièces du 16e et du 17e siècle. Il nous a fallu faire tout un travail pédagogique préalable pour la compréhension de ce thème avec les membres de l'ensemble. L'aboutissement a été un concert merveilleux, un moment d'éternité, puis l'enregistrement de ce CD. Pour les femmes de cet ensemble, il y a incontestablement un avant et un après juillet 2004 ; elles reviennent à Ligugé régulièrement pour une ou deux journées de travail sur leurs programmes. Elles posent toutes sortes de questions techniques et puis, au détour de la conversation, se glissent d'autres questions...

Pour la saison 2005, « Chemins de musique » se déroule en trois temps forts : le premier en décembre 2004 avec deux week-ends sur Jean-Sébastien Bach, le deuxième avec un séminaire au moment de Pâques à l'intention des musiciens qui veulent comprendre les offices de ténèbres de la Semaine sainte, et le troisième durant tous les week-ends de juillet pour une meilleure compréhension de l'évolution du langage musical en Occident de siècle en siècle. En décembre 2005, nous nous pencherons sur « Musique et traditions populaires »[1].

Comme vous le voyez, cette part de ma vie est importante mais ne prend pas le dessus sur l'appel monastique qui reste premier.

L'association « Chemins de musique » vous occupe tout de même beaucoup.

Certes, mais le travail est réparti en plusieurs commissions ; je ne m'occupe que de la relation musicale avec les artistes. Nous avons maintenant un rayonnement régional : c'est une entreprise originale qui étendra probablement son action beaucoup plus loin encore.

« Chemins de musique » est également original par rapport à la politique actuelle des festivals dont le premier objectif est surtout de plaire au public pour pouvoir drainer le plus de monde possible. Malgré cette politique de masse, beaucoup de festivals sont dans le rouge au plan financier, alors que pour notre part, même avec d'autres priorités, notamment pédagogiques, nous parvenons depuis maintenant neuf années à boucler notre budget.

Tout cela suppose que vous ayez des contacts permanents dans le monde musical.

Le bouche à oreille fonctionne très bien.

1. « Chemins de musique », Abbaye Saint-Martin, 86 240 Ligugé : www.cheminsdemusique.fr

Construire du lien social par la musique

Quel message voulez-vous faire passer par le biais de « Chemins de musique » ?

Je voudrais encourager la recherche de sens dans le langage musical. Comment ce sens fait-il grandir l'individu, et l'aide-t-il à entrer en relation, c'est-à-dire à construire du lien social ? Voilà qui est sacré, même si l'on ne fait pas obligatoirement référence au religieux. Par exemple, quand on étudie la musique et les traditions populaires, on s'attache à ce qui est profondément inscrit dans la vie de tout un chacun : les métiers, les saisons, les fêtes. Il me semble plus important d'établir une relation sur ce mode-là avec de nombreuses personnes qui ne viendront peut-être jamais à l'église plutôt que de vouloir les attirer avec notre seul fonds religieux. Par ailleurs, nous souhaitons également nous interroger sur l'avenir de la musique et sur les créateurs que nous allons choisir d'encourager. Il y a actuellement une perturbation importante du langage musical, comme de tous les langages d'ailleurs. On ne sait plus quoi dire ni comment le dire. On se contente d'observer passivement les aberrations que personne n'ose dénoncer car de trop nombreux intérêts sont en jeu. Bien des expressions musicales sont sans issue.

Qu'appelez-vous un langage musical sans issue ?

Ce qui est perverti à mon avis, c'est l'acceptation d'un enracinement : on veut écrire de la musique aujourd'hui sans référence aucune au passé. Or on ne peut pas faire table rase du passé. Il nous habite. Il nous a amenés là où nous sommes. Même si l'on ne fait jamais que de la musique contemporaine, on est habité par tout ce qui nous a précédés. Si l'on ne veut voir dans le langage qu'une construction subjective, on favorise l'émergence de cet homme angoissé qui ne trouve plus de sens à son existence. C'est une impasse.

Cette « table rase du passé » dépasse la question de la musique contemporaine. N'y a-t-il pas dans tous les domaines de notre culture un manque de connaissance du passé, un manque de transmission et un manque d'enracinement ?

Il ne s'agit pas tant d'une connaissance que de la conscience d'un long et riche héritage. Si l'on en a conscience, on peut se permettre bien des innovations et un musicien inspiré reste très libre dans sa palette d'écriture. Ainsi, un excellent analyste de la musique comme Pierre Doury me faisait remarquer que Chopin propose dans ses pièces des voltiges modulatoires qu'il est impossible d'expliquer par la théorie ordinaire. Ce théoricien de la musique m'a fait découvrir de nouvelles pistes de langage à travers la compréhension renouvelée d'un héritage. Il est possible de trouver des sources de langage extrêmement modernes et pertinentes sans renier pour autant les acquis du passé.

Votre intérêt pour les traditions populaires relève-t-il de cette même recherche de sens ?

Il s'agit de trouver un développement du sens quel que soit le répertoire. Que ce répertoire puisse, d'une manière ou d'une autre, construire, créer du lien. Il faudrait que l'on comprenne que la musique n'est pas, comme l'a induit pendant longtemps la culture française, un divertissement secondaire qui meuble, un bruit de fond qui console. En fait, nous sommes un peu perdus dans ce monde, nous communiquons pour essayer de nous dire les uns aux autres où nous en sommes et vers où nous allons. La musique est un vecteur particulièrement fort de cette communication ; la qualité des contacts qu'elle peut engendrer en est une preuve. Beaucoup d'artistes nous font spontanément des propositions ; ils ont envie de revenir vers nous, cela me remplit de bonheur.

L'émotion musicale

Je sais que vous avez réalisé plusieurs disques ? Comment s'effectuent vos choix ? Comment cela se passe-t-il ?

Nous avons réalisé de nombreux enregistrements de chant grégorien avec notre ancien maître de chœur, le père Olivier Bossard, qui fut un musicien hors pair. Depuis sa mort, nous n'avons pas fait de nouveaux enregistrements ; cependant, nous venons de concevoir un album autour de la messe de Requiem. En relation avec le Festival de musique sacrée et maintenant avec « Chemins de musique », de nombreux enregistrements ont vu le jour dans le cadre de l'abbaye : musique médiévale, Renaissance, 17e et même la création d'un oratorio sur l'Apocalypse pour solistes, big band, chœur grégorien, chœur polyphonique, et trois violes ! J'ai moi-même réalisé deux CD de hautbois, l'un avec orgue et l'autre avec violoncelle. Notre maison de disques est actuellement DBA Productions : c'est une petite structure installée pas très loin de Ligugé et avec laquelle nous fonctionnons bien.

Le choix des programmes se fait au nom de l'amitié et de l'intérêt pour l'ensemble vocal ou instrumental, sa qualité, son originalité, le sens qu'il met dans les œuvres exécutées. Les temps d'enregistrement sont toujours des moments de communion intense dans le travail et dans le bonheur de produire une œuvre commune. C'est un effort qui demande beaucoup d'énergie, mais c'est aussi une telle joie !

Après avoir écouté un CD que vous avez enregistré, j'ai envie de dire que votre hautbois est prière. Est-ce que je me trompe ? Que vivez-vous intérieurement quand vous jouez du hautbois ?

Un instrument de musique n'est qu'un moyen. Il permet la production du langage et sa dilatation. Il est bien évident qu'après des années de pratique, on finit par être très attaché et très marqué par son instrument, cependant là n'est pas l'essentiel. Car l'instrument laissé à lui-même ne produit plus rien. L'essentiel réside donc dans la rencontre vraie avec l'autre, mais aussi dans le travail personnel intérieur aidé par une maîtrise technique toujours mieux assumée. Un instrumentiste, comme un chanteur, est invité à tenir ensemble la qualité de l'exécution musicale et l'adéquation de son propre monde intérieur avec l'œuvre interprétée. Le langage prend alors sens. Effectivement, il peut devenir un accès à la prière. Lorsque je joue du hautbois, je suis souvent transporté dans un monde où tout semble constamment nouveau : un monde où il est possible de renaître et de communier avec d'autres. Il y a là quelque chose de fabuleux qui me semble assez proche de certains aspects de la vie spirituelle en Christ.

Avez-vous analysé pourquoi la beauté est parfois douloureuse à recevoir, et d'autres fois provoque une joie pure ?

La beauté est une notion difficile à appréhender ; elle n'est pas de l'ordre de la simple subjectivité. Vous savez, on dit parfois : « On ne discute pas des goûts et des couleurs. » Certains disent abusivement qu'ils adorent telle musique, sans pour autant que les musiciens patentés y trouvent leur compte. L'inverse existe encore plus fréquemment d'ailleurs ! Dans la mesure où le concept de beauté est ambigu, il est inévitable que soit perçue une certaine forme de décalage entre les œuvres d'art et la vie ordinaire. La prise de conscience de ce décalage à certains moments de sa vie, ou à un instant très précis et particulier, peut faire très mal. La distance entre l'expression même sincère et la réalité dernière que rien ni personne ne pourra jamais dire totalement est à mon avis la principale source de souffrance face à la beauté. La beauté renvoie aussi beaucoup aux questions de ceux qui la contemplent. L'expérience est tellement forte qu'elle peut produire un grand désarroi tant les questions sont parfois sans réponse et sans remède. Mais il y a aussi la beauté-révélation. Celle qui reflète la lumière incréée : dans ce cas elle ouvre à la joie ; une joie où chacun peut puiser abondamment !

« J'aime les artistes »

Maintenant que les idéologies sont moins prégnantes, les nouvelles générations de compositeurs vont peut-être voir les choses sous un autre jour.

Oui, beaucoup de talents se profilent chez les 25-50 ans et cela donne un autre type de langage. Ce qu'il faudrait, c'est pouvoir effectivement développer des contacts avec eux. Mais ce n'est pas facile : je ne veux pas perdre mon enracinement, je tiens à ma vie de moine. Et si je n'étais pas moine, rien de ce que je vous raconte là ne serait advenu. D'un autre côté, j'ai aussi besoin de cette sorte d'amitié pour vivre au milieu des hommes et des femmes d'aujourd'hui, et je la trouve intensément chez les artistes. Tel ce vieil ami graphiste, Raymond Gid, décédé maintenant. Nous savions que nous pouvions nous confier l'un à l'autre comme nous en avions envie. Un témoin de nos dialogues aurait été très intrigué, mais nous parvenions très bien à nous comprendre. Il me disait des bouts de phrase, un peu comme un chef d'orchestre étranger s'adressant à des musiciens, sans discours rationnel. Ce type de partage insiste sur l'intention plus que sur le contenu rationnel, c'est un langage intuitif, de connivence.

Quand vous ne serez plus père abbé, il faudra que l'on vous nomme aumônier des artistes !

Ah oui, cela me plairait beaucoup ! J'aime les artistes ; je ressens très fortement leurs doutes, leurs épreuves, leurs souffrances. Le monde de l'art est très important pour moi. Mais je suis moine bénédictin et je ne serai jamais aumônier des artistes !

En tout cas vous êtes plus à l'aise avec eux que dans les réunions ecclésiastiques officielles !

Oh oui, cela ne fait aucun doute.

CHAPITRE 7

Communautés d'Eglise

L'Eglise de France est dans la tourmente et elle doit gérer une débâcle : moins de prêtres, moins de pratiquants, moins de mariages et de baptêmes, moins d'enfants au catéchisme, et des messes de plus en plus rares dans les églises rurales. Au point qu'il est difficile de dire quel visage aura cette Eglise dans dix ans. On a l'impression de vivre la fin d'un monde. Et pourtant, le prêtre orthodoxe Alexandre Men disait que l'histoire du christianisme ne faisait que commencer. De votre fenêtre, comment voyez-vous les choses ?

Je vois aussi des phénomènes de naissance. Mais il faut avouer que la gestion de l'héritage des siècles passés nous occupe beaucoup et continue d'imposer la vision d'une Eglise formée d'un important réseau de paroisses, alors qu'il y a eu mille modèles d'Eglise à travers l'histoire et l'espace ! Qu'au 21e siècle l'Eglise de France soit amenée à franchir des caps et à changer de visage n'a en soi rien de dramatique. Ce qui est dramatique, c'est que nous avons tous le réflexe de nous accrocher aux modèles auxquels nous étions habitués. Et lorsque ces modèles disparaissent, nous avons l'impression que tout est menacé. Si notre Eglise, bien établie en Europe, connaît des moments de déstabilisation, c'est peut-être le signe qu'il faut retourner à la source et retrouver des assises plus fondamentales.

C'est la communauté qui est première

La réalité immédiate, c'est tout de même que lorsqu'il n'y a plus de messe dans un village, beaucoup de gens en souffrent.

Je comprends qu'il soit douloureux de ne plus avoir de messe dans son village le dimanche quand on en a toujours eu. Il est donc normal de voir se manifester des réflexes d'inquiétude ou de regret devant la disparition d'une Eglise dont la composante sociologique était importante. Mais l'essentiel de la vie de l'Eglise n'est pas là ; il est dans la possibilité de susciter une rencontre avec le Christ au sein d'une communauté fraternelle. S'il y a une communauté vivante qui permet la rencontre du Christ, les kilomètres ne sont plus un problème. Des gens font des kilomètres pour rejoindre une communauté dans laquelle ils se sentent particulièrement à l'aise. Suscitons d'abord des communautés suffisamment vivantes, et elles trouveront des moyens adaptés pour vivre la réalité eucharistique. Et cela fera naître des vocations aux ministères.

Les communautés chrétiennes seront sans doute moins nombreuses dans l'avenir mais peut-être plus colorées et plus dynamiques. Ce seront des communautés-références, et l'on aura de la joie à venir y rencontrer le Christ : le sacrement de l'eucharistie signifiera et approfondira ce mouvement. Si l'on a cette espérance au cœur, je ne vois pas de raison d'être pessimiste ou inquiet pour l'avenir. Je crois intimement à la puissance qui est en Christ et qui fait déborder la vie toujours bien au-delà de toutes nos morts. Mais il y aura certes de la douleur à voir disparaître une Eglise sociologiquement établie.

Au-delà de la douleur, il y a une question grave qui concerne l'annonce de l'Evangile. Le maillage paroissial, avec des prêtres, assurait une présence d'Eglise aux grands moments de la vie des gens. D'ores et déjà des mourants sont privés de la visite d'un prêtre et des derniers sacrements.

Le fait qu'il y ait moins de prêtres n'est pas une donnée totalement nouvelle. Ils ont été nombreux au cours du 20e siècle, mais cela n'a pas toujours été le cas. Il y a eu des époques où les prêtres, moins nombreux, étaient rassemblés autour de l'évêque et non pas dispersés dans les paroisses. Au 4e siècle, lorsque saint Martin a créé les premières paroisses rurales, le ministère des prêtres fut d'abord missionnaire. Je crois que dans ces domaines il serait utile, vraiment utile, de reposer les fondements théologiques ; il est bien certain que la réflexion sur ces sujets, au lendemain du Concile, n'a pas été suffisante. On a vécu spontanément tout ce que l'on a cru comprendre du Concile, en s'y jetant à corps perdu. On a pensé que le Concile allait nous donner des rails pour avancer sur des voies nouvelles pendant de longues années. On a cru qu'il avait tout dit et l'on s'est dispensé d'affronter les questions qui restaient en suspens. Or les grandes questions aujourd'hui ne sont pas d'abord ou prioritairement en rapport avec la morale mais avec la théologie fondamentale, la christologie, et l'ecclésiologie. La première concerne le devoir de rendre compte de la foi autant qu'il est possible par rapport à ses propres questions et à celles des autres ; la deuxième, tout ce qui se rapporte à la foi en Jésus-Christ, Fils de Dieu ; quant à l'ecclésiologie, elle concerne toutes les dimensions de la vie et du mystère de l'Eglise. Autant de domaines largement ouverts par le Concile mais qui appellent de nouveaux approfondissements pour répondre aux questions présentes.

Si je vous ai bien compris, la grande question d'ecclésiologie qui doit être repensée dans le contexte présent, c'est la communauté chrétienne ?

A mon avis, la question ecclésiologique majeure concerne l'identité de la communauté chrétienne et la manière dont elle peut se penser et se vivre. Et donc aussi la question des ministères. On ne peut envisager les ministères – ordonnés ou non – que dans le rapport à la vie des communautés chrétiennes. Ce fondement théologique du ministère doit être reformulé pour aujourd'hui. Il y a là une question majeure.

C'est du sein de la communauté chrétienne qu'émergeront des ministères ordonnés ainsi que des ministères laïques. Cela vaut éminemment pour la communauté diocésaine dans laquelle l'évêque et son presbyterium jouent leur rôle propre en communion avec les diacres, comme avec les ministres reconnus et avec tous les baptisés.

N'isolons pas la personne du prêtre !

Le prêtre ne vous apparaît donc pas absolument essentiel pour l'annonce du Christ ?

L'évangélisation ne se fait pas par la seule intervention de personnes isolées, mais par la vie de la communauté tout entière. Le ministre tout seul ne vaut pas par lui-même ; c'est la communauté, avec des ministres à son service, qui témoigne et qui évangélise. Il nous faut sortir des schémas de fonctionnement trop institutionnels qui pourraient dispenser la paroisse de devenir une vraie communauté de fraternité et de partage. L'institution n'est pas le moteur d'une communauté. C'est la communauté vivante qui anime l'institution et qui est nécessaire à son développement. Avant longtemps, dans certains lieux, on sera tellement au pied du mur que les communautés seront appelées à naître ou à renaître, sinon l'Eglise y mourra, pour un temps au moins.

L'ordination d'hommes mariés ne serait-elle pas une bonne solution ?

Même si je ne vois pas d'opposition théologique, cela ne réglerait pas tout. Les protestants ont les mêmes problèmes en matière de ministres. Je crois qu'il faut chercher la cause en amont : c'est l'appel même au ministère qui est perturbé. On ne sait pas ce qu'est le ministère, on ne sait plus ce que sont les prêtres, on ne sait pas ce que sont les diacres. Autrefois, dans les sociétés villageoises, les prêtres étaient la plupart du temps des notables qui jouaient un rôle très précis et jouissaient d'un pouvoir. Aujourd'hui ils n'ont plus une reconnaissance sociale du même ordre, et ont perdu leur situation de pouvoir. De plus, ils doivent être des hommes toujours disponibles pour une multitude de personnes, de groupes et d'instances. Entre les laïcs qui peuvent être très motivés et actifs sur le terrain, des diacres aux rôles extrêmement variés et un évêque géographiquement lointain, les prêtres ont du mal à sentir quelle est leur véritable place, même s'ils ont de bonnes relations fraternelles avec tous. Je crois – mais je n'ai pas la clé – qu'il faudrait vraiment repenser le lien des prêtres entre eux, avec les diacres et avec l'évêque. C'est le ministère épiscopal qui est par excellence celui de la présidence de la communauté chrétienne. Ensuite il a des collaborateurs qui prolongent son action à travers leurs fonctions respectives : les prêtres et les diacres qui participent au sacrement de l'ordre ; les laïcs qui peuvent exercer des ministères – ô combien diversifiés dans l'histoire –, et enfin les communautés elles-mêmes, rassemblées pour le service de l'Evangile.

On peut aussi envisager les choses dans l'autre sens : il y a des communautés chrétiennes et dans ces communautés émergent des ministres. Faut-il mettre au point de départ le pasteur qui rassemble la communauté ou la communauté qui fait émerger pour elle ou pour d'autres des ministres prêtres, diacres et laïcs ? Les tensions sont nombreuses autour de cette alternative.

Ce sont là des problèmes ecclésiologiques tout à fait majeurs et il y a dans l'Eglise des théologiens qui peuvent nous aider à les repenser, mais je crains qu'ils ne soient pas suffisamment écoutés. Je crois aussi qu'il serait tout à fait déterminant de donner plus de crédit aux jeunes générations afin d'appliquer le judicieux conseil de saint Benoît demandant d'interroger tous les membres de la communauté, « car bien souvent Dieu révèle à un plus jeune ce qui est meilleur ».

Puisque vous parlez des jeunes, que nous apprend la « génération Jean-Paul II » dont les réactions sont tellement différentes de celles des plus de 40 ans ?

Les sensibilités sont multiples chez les jeunes. Ceux que l'on regroupe sous la dénomination « génération Jean-Paul II » sont eux-mêmes très divers. Ils ont cependant en commun un désir de cohérence auprès des témoins qu'ils croisent. Jean-Paul II fut incontestablement l'un de ceux qui répondaient bien à cette attente. Après toutes les expérimentations de l'après-68, après les rétractations de certains soixante-huitards maintenant très rangés et parfois même totalement insignifiants, ces jeunes souhaitent des interlocuteurs qui les aident à s'appuyer sur des éléments repérables dans une démarche de vérité. Cependant, il faut reconnaître qu'au-delà de ce désir de cohérence et de vérité, l'expérience de la vie les entraîne parfois vers des directions totalement opposées à celles qu'ils ont applaudies la veille chez ceux qu'ils admiraient. Ne pensons pas que la génération Jean-Paul II soit le seul « courant » sur lequel repose l'avenir de l'Eglise. Encore une fois les sensibilités sont multiples ; il est indispensable de n'en négliger aucune afin que l'Evangile soit annoncé au plus grand nombre et que chacun trouve le moyen de le vivre en vérité. Quoi qu'il en soit, il me semble que la plus grande leçon à tirer est un appel à la cohérence dans un témoignage qui sonne juste.

L'ecclésiologie que vous souhaitez n'est-elle pas celle qui se joue dans les synodes diocésains rassemblant autour de l'évêque des délégués de tous les états de vie dans l'Eglise et tous les ministères pour penser l'avenir de la communauté diocésaine ?

Le fruit le plus manifeste des synodes est en effet le fait que, durant leur déroulement, les diocèses se vivent et se reconnaissent comme communautés chrétiennes dans la diversité et la complémentarité de leurs membres. Mais les synodes n'ont guère abordé que des questions pastorales, butant souvent sur des problématiques théologiques, comme celles des ministères par exemple. Et lorsqu'ils ont abordé clairement le sujet, cela a suscité des affrontements entre théologies et sensibilités différentes. Il serait intéressant que des conférences épiscopales et/ou des provinces s'attachent franchement à l'approfondissement de ces questions, en conciles particuliers[1]. Le contexte français est assez vivant et souple pour permettre de telles initiatives. Elles seraient d'autant mieux venues que de nombreuses Eglises d'autres continents ont les yeux tournés vers la France et l'Europe.

Voilà pour l'aspect ecclésiologique, mais il en est un autre qui me tient fort à cœur : l'aspect christologique. Une communauté ne peut pas se construire si elle fait l'impasse sur sa relation avec le Christ. A la fois comme expérience personnelle et comme référence commune et partagée. D'où la nécessité d'une pastorale de la foi et de la vie spirituelle.

---

1. Le droit canonique de l'Eglise catholique prévoit différents types de fonctionnement synodal : outre bien sûr les conciles œcuméniques pour toute l'Eglise catholique (cf. Can. 337), il existe les synodes d'évêques « qui sont la réunion des évêques choisis des diverses régions du monde, pour se rassembler à des temps fixés afin de favoriser l'étroite union entre le pontife romain et les évêques... » (cf. Can. 342-348) ; les synodes diocésains « qui sont la réunion des prêtres et des autres fidèles de l'Eglise particulière qui apportent leur concours à l'évêque diocésain pour le bien de la communauté diocésaine tout entière » (cf. Can. 460-468). Il y a aussi les conciles particuliers : soit pléniers qui réunissent toutes les Eglises particulières d'une même conférence épiscopale (par ex. les diocèses de France) ; soit les conciles provinciaux qui réunissent les diverses Eglises particulières d'une même province ecclésiastique (cf. Can. 439-446).

Priorité à la foi et à la vie spirituelle

Une pastorale de la vie spirituelle serait-elle de nature à mieux répondre aux attentes des non-pratiquants ? Je pense par exemple à ces parents qui demandent le baptême de leur enfant ; quand on écoute leurs déclarations, on est surpris de constater combien ils attendent de l'Eglise des repères éducatifs et un sens global de la vie. C'est en effet déjà une démarche d'ordre spirituel.

Justement, tout dépendra des gens qu'ils vont rencontrer ! Vont-ils faire la rencontre vitale d'un corps de frères et de sœurs qui s'aiment et témoignent de leur foi ensemble, ou bien celle d'une institution froide avec laquelle ils auront seulement un contact passager car elle ne répondra pas à leur désir profond ? Il n'est d'ailleurs pas toujours facile de décrypter ce désir tant ceux qui l'éprouvent ont parfois du mal à l'exprimer. Hélas, dans les églises, la préoccupation proprement spirituelle de la vie des communautés n'est pas toujours une priorité. Les services diocésains de la vie spirituelle sont rares et, quand ils existent, ils n'occupent pas une place prépondérante dans la vie du diocèse.

Ces aspirations nouvelles de personnes qui s'adressent à l'Eglise et la capacité des communautés chrétiennes à y répondre sont importantes. Il y a des métamorphoses du religieux dont l'Eglise n'a pas encore pris toute la mesure et dont parfois même elle se méfie, en les rangeant du côté des phénomènes marginaux, un peu New Age, autrement dit dangereux.

On peut la comprendre dans la mesure où le New Age prédit la fin des « temples de pierre » et l'avènement des « temples de l'Esprit », c'est-à-dire d'une ère où l'on n'aurait plus besoin des institutions mais seulement du Saint-Esprit !

Cette vision n'est pas réaliste. Si l'individu prétend se contenter de son expérience religieuse en se considérant comme une réalité autonome qui peut trouver une réponse à ses aspirations en allant ici et là sans aucune appartenance, il ne tiendra pas. Mais cela n'empêche pas le dialogue ouvert de l'Eglise avec ce courant de pensée.

Les grands rassemblements ont toujours existé, mais depuis Jean-Paul II (et avec la contribution des médias) ils ont pris une ampleur considérable avec une connotation spirituelle évidente et forte. Les grands rassemblements sont-ils susceptibles de redorer le blason de la présence de l'Eglise dans le monde ?

Comme toutes les manifestations de masse, ils ont un certain impact sur l'opinion publique. Mais cela ne suffit pas pour vivre le Corps du Christ en profondeur. Ce qui reste capital en matière de présence d'Eglise, c'est l'approfondissement de la Parole de Dieu, de notre rapport aux sacrements et en particulier à l'eucharistie, mais aussi de notre relation fraternelle avec tous afin de vivre quelque chose de prophétique dans la société. Un rassemblement modeste peut avoir un poids tout aussi considérable qu'une réunion internationale autour du pape : il peut être un témoignage tout aussi important vis-à-vis de la société dans la mesure où il touche profondément les intelligences et les cœurs jusqu'à provoquer le changement de vie des participants. Ce qui est important, c'est de partager la force eucharistique avec des frères, pour la vivre ensuite au grand jour avec eux et avec les autres. L'essentiel n'est pas tant de penser de grands projets que de nous rendre disponibles à l'action de l'Esprit qui va nous entraîner à faire bien d'autres choses que celles auxquelles nous avions pensé. Et cela malgré les lourdeurs et les résistances institutionnelles.

La liturgie, un lieu capital

Après les bouleversements liturgiques postérieurs au Concile Vatican II, dans les années 70, on se retrouve aujourd'hui en face de demandes contradictoires. Certains veulent un retour aux rites, symboles et solennités ; d'autres insistent sur la participation et le partage. Vous qui avez toujours aimé la liturgie, qu'est-ce qui vous semble capital ?

La liturgie est un lieu très fort, un lieu de rencontre avec Dieu par le Christ dans l'Esprit, et tout à la fois avec les autres dans le Corps du Christ. Le concile Vatican II doit rester notre référence. La réforme liturgique a été parfaitement conduite par le Concile, en s'appuyant d'ailleurs sur beaucoup de réflexions antérieures. Elle met en valeur la dimension du mystère pascal, du mystère du Christ. Elle met en valeur la dimension du peuple de Dieu et de la participation active des fidèles, même si ce dernier point n'a pas toujours été bien compris. Il ne s'agit pas d'une participation activiste mais plutôt « mystérique » qui comprenne et respecte tout ce qui est en jeu dans la liturgie.

Je pense par ailleurs que pour être heureux en liturgie, comme dans n'importe quel autre rassemblement festif, il faut qu'il y ait un minimum de règles. La créativité ne peut se vivre au détriment de la cohérence. C'est peut-être sur ce point que l'on a manqué d'attention. Après des siècles d'immobilisme dans la forme extérieure, on a vécu une grande respiration, avec des possibilités de créativité bien légitimes, mais sans tenir assez compte de cette dimension essentielle à toute manifestation commune qu'est la ritualité. On ne peut pas faire n'importe quoi, ni improviser constamment, sans malmener la structure fondamentale d'un rituel. La créativité doit se maintenir à l'intérieur de cette structure, pour que la communauté puisse s'y retrouver. Et si l'on innove pour une raison importante, il faut prendre le soin de bien expliquer ce qui est en jeu.

Il y a une autre dimension à laquelle il est utile de prêter attention dans la liturgie : c'est l'art de bien poser les gestes et de bien exprimer le discours. Si l'on n'a pas les moyens de bien chanter, que l'on se contente de bien parler ! Les lectures doivent être bien faites sinon on ne prend pas l'assemblée au sérieux. Un lecteur n'intervient pas à titre personnel, il est en situation publique. De même, quand un prêtre est à l'autel ou au siège de présidence, il doit avoir un comportement public qui implique un certain nombre de règles. La bonne volonté ne suffit pas pour célébrer la liturgie. Avec les moyens dont on dispose, il est nécessaire de travailler à ce que l'espace soit beau, ordonné, cohérent, proportionné et que la parole, le chant, le geste soient harmonieux et transmettent leur message de manière pertinente. Quand vous recevez dans votre maison, vous avez à cœur que tout soit en ordre et que votre hôte soit reçu dans de bonnes conditions. Dès que l'on est plusieurs et même lorsqu'on est seul, il y a obligatoirement du rituel. C'est du domaine de la politesse et du bien-être anthropologique. Les signes extérieurs « parlent » tout autant que le discours lui-même. Si l'on veut compenser le manque de signes par une surabondance d'explications, de rationalité, de discours moralisants..., on ennuie tout le monde. Il vaut mieux qu'il y ait très peu d'éléments mais qu'ils soient bien posés. A titre d'exemple, il est préférable d'entendre une assemblée répéter avec soin et attention la phrase qui est prévue comme antienne d'ouverture de la messe dans le Missel plutôt que d'entendre un chant qu'elle n'a visiblement pas les moyens de mettre en œuvre !

Sans compter que le répertoire actuel comporte des chants parfois très insuffisants tant au point de vue des paroles que de la musique.

On est souvent victime des effets de mode qui rejoignent aussi des intérêts commerciaux. Quand on produit des chants, il faut les vendre... et c'est facile de faire du chant à la mode. Il y a eu des modes variées depuis le Concile. Au milieu des années 60, si vous ne chantiez pas *J'ai reçu le Dieu vivant*, vous n'étiez pas à la mode. Donc il fallait acheter cette musique, organiser des sessions pour s'initier à ce type de chants, etc. Beaucoup de recherches intéressantes restent enfouies faute de supports commerciaux pour les diffuser. Quand les compositeurs se rencontrent, ceux qui sont à la mode regardent parfois les autres avec commisération. Le Centre national de pastorale liturgique a fait des efforts pour proposer une sélection qui tienne compte à la fois du goût des fidèles et de la qualité des œuvres. On constate que dans les lieux où la liturgie est soignée il y a davantage de fréquentation. Le répertoire d'André Gouzes, même si on peut le discuter sur bien des points, a touché des personnes qui ne mettaient pas les pieds à l'église, et les fidèles sont très nombreux aux offices des Fraternités monastiques de Jérusalem à l'église Saint-Gervais à Paris. Encore une fois, les moyens peuvent être très variés et même modestes, mais il est important de garder la cohérence et la qualité qu'engendre le bon sens. Une messe sans chants n'est pas forcément moins bonne qu'une messe suranimée.

Si ces conditions étaient remplies, les jeunes viendraient-ils davantage à la messe ?

Je pense qu'il y aurait plus de chances pour qu'ils se laissent toucher. Je connais beaucoup de jeunes du milieu musical, par exemple, qui sont en grande attente spirituelle mais qui ne veulent pas mettre les pieds à l'église parce qu'ils se sentent en décalage avec les modes d'expression qui y sont employés. Pour d'autres jeunes, ceux qui écoutent du rap à longueur de temps, par exemple, je ne sais pas quelles seraient leurs aspirations liturgiques, je sais seulement que la plupart sont en quête de témoins, de personnes capables de les accompagner, de faire avec eux un bout de chemin avec des paroles et des gestes qui sonnent juste.

Il y a donc les exigences extérieures, mais aussi l'habitation intérieure : il faut que les choses soient sincères, faites avec foi. Quelquefois on entend des fidèles dire au sujet de certains intervenants dans la liturgie : « Au moins, on a l'impression qu'ils y croient ! » Quoi de plus normal ! Je pense que si la liturgie est bien posée, cela aide considérablement à vivre le mystère que l'on célèbre.

La crise des institutions n'épargne pas les monastères

Nous avons parlé de la crise de l'Eglise. Elle touche aussi la vie monastique. Quand on considère le vieillissement qui oblige de nombreuses communautés à fermer, on peut se demander si nous n'assistons pas à la fin d'un monde.

Les monastères sont inévitablement concernés par la menace qui affecte toutes les institutions. Dans les monastères comme ailleurs, des effondrements de façades ont commencé ici ou là. D'autres subsisteront. Il faut avouer qu'en matière de communauté ou d'institution religieuse on a souvent construit comme si cela devait durer pour l'éternité ; il est donc normal que l'on soit pris de court quand on assiste à la fragilisation de modèles que l'on croyait définitifs. Il n'y a pas si longtemps, il allait de soi d'avoir entre cent et deux cents séminaristes dans un grand séminaire et on ne voyait pas comment il pouvait en être autrement, alors que l'histoire prouve le contraire. Mais ce n'est pas parce que nos façades institutionnelles sont ébranlées que la source est tarie ! Cela signifie simplement qu'il y a des bouleversements qui nous mettent au pied du mur. Il faut donc se réenraciner pour pouvoir reconstruire sur de bonnes bases. A cet égard, j'admire les congrégations religieuses apostoliques qui gèrent leur problème de vieillissement comme aucune autre institution sociale n'arrive à le faire. Et elles le font avec une tranquillité, une humanité et une vitalité extraordinaires.

Il n'empêche que nombre de congrégations apostoliques féminines ne recrutent plus et sont en fin de vie.

L'histoire des congrégations nous enseigne aussi que la mort fait partie de la vie. L'abbaye de Ligugé est morte trois ou quatre fois au cours de son histoire. Fondée au 4e siècle, elle a disparu au début du 8e, puis a réapparu au 11e, puis a disparu à nouveau au 16e, avant d'être refondée au 19e, puis exilée en Belgique au début du 20e avant de revenir ici dans les années 20. Et l'on n'en est pas mort, si je puis dire ! Le problème actuel des congrégations – comme celui des diocèses – c'est le poids de l'héritage à gérer. Il nous faut passer un temps infini pour essayer de trouver des points de jonction entre cet héritage énorme et la créativité nécessaire à l'époque actuelle. Il faudrait des équipes légères qui puissent répondre à des demandes de réflexion en situation de crise et qui aident à préparer les bases de ce qu'il faudra faire quand viendront des secousses plus générales.

Vous voulez dire que la secousse générale n'a pas encore eu lieu ?

Non, pas encore. Nous allons devoir faire face à des problèmes nouveaux qui ne cessent d'advenir. Et cela va de plus en plus vite. D'une année sur l'autre, il y a toujours des éléments qui se rajoutent en matière de gestion du vieillissement, de la maladie, de l'économie, de l'entretien des bâtiments qui deviennent trop grands pour des communautés moins nombreuses... Il nous faut aussi faire face à des demandes nouvelles de lien avec la réalité pastorale et avec la société. Il y a des mutations extrêmement rapides qui nous projettent dans des contextes inédits. A moins de s'enfermer dans une tour d'ivoire, il nous faut vivre et accompagner la mutation et ne pas craindre de se trouver dans des situations qui appellent des remaniements importants. Ceux-ci ne vont pas se décider en chambre mais sur le terrain et en étroite relation avec d'autres réalités ecclésiales et sociétales. On va se trouver confronté de plus en plus à des questions de fond. Parfois, on ne saura même plus à quoi se raccrocher. Dans l'Eglise mais aussi dans la société en général. Comment voulez-vous qu'une société aussi incohérente que la nôtre, vivant sur la puissance de l'argent, puisse ne pas se trouver devant des problèmes insolubles de références fiables ?

Quels grands changements envisagez-vous pour les monastères ?

Tous les monastères français sont marqués par la mentalité du 19e siècle qui a restauré le monachisme d'après une certaine relecture de l'époque médiévale. Et l'on a cru pendant tout le 20e siècle que c'était cela le monachisme, alors qu'il s'agit d'une vision parmi d'autres. On sera amené à repenser ce monde monastique sur d'autres fondements, que cela nous fasse plaisir ou non !

Quand vous vous retrouvez entre pères abbés et mères abbesses, évoquez-vous ces changements nécessaires ?

La tentation est grande pour nous de partager sur les questions immédiatement en cours. Les perspectives d'avenir nous paraissent souvent au-delà de toute prévisibilité rationnelle. Nous sommes actuellement dans le même cas que les entreprises : on ne peut pas faire de projet à plus de deux ou trois ans. Mais finalement le dynamisme n'est pas absent.

Les questions en cours, c'est-à-dire la gestion des bâtiments, les personnes âgées, la formation des jeunes ?

C'est cela qui occupe souvent l'ordre du jour. Quant à la prospective et la réflexion sur l'avenir, elle ne se fait pas du tout en termes de refondation. Pourtant cet élan refondateur a toujours existé au cours de l'histoire de l'Eglise. Cela s'est toujours fait avec des personnalités qui émergeaient et qui avaient de grandes facultés d'adaptation, beaucoup d'inventivité et surtout une grande foi.

Communautés nouvelles et anciennes

A côté des congrégations vieilles parfois de plusieurs siècles, il y a toutes ces communautés nouvelles qui sont nées à partir des années 70, et qui attirent beaucoup de jeunes. Comment les percevez-vous ?

Pour ma part je ne suis pas très dépaysé par ces communautés nouvelles car leurs fondations me sont contemporaines. Je les ai fréquentées pendant mes études de théologie à Issy-les-Moulineaux. J'ai souvent participé à l'eucharistie chez les Sœurs de Bethléem quand elles étaient rue Grégoire-de-Tours à Paris. J'ai assisté à la fondation des Fraternités monastiques de Jérusalem. C'était l'époque des commencements pour beaucoup de ces communautés. Quand j'étais hôtelier, j'ai connu plusieurs personnes proches des Béatitudes et j'ai fait l'un ou l'autre séjour dans leur communauté de Cordes.

Pensez-vous que ces communautés nouvelles puissent apporter un regain de vie aux communautés anciennes ?

Les communautés nouvelles sont dans l'Eglise comme des petits-enfants dans une famille : elles apportent une fraîcheur, un élan spirituel, une joie, une spontanéité, une vie fraternelle qui peuvent nous dynamiser. Comme les petits-enfants aident les grands-parents à rester dans le dynamisme général, de même ces groupes peuvent donner un grand élan à l'Eglise et cela peut être merveilleux. Mais il ne faut pas non plus ignorer la fragilité de toute réalité naissante : le temps doit faire son œuvre. On peut en effet souhaiter qu'entre ces communautés nouvelles et les réalités d'Eglise plus anciennes, il puisse y avoir un véritable échange fraternel. Le désir en est exprimé mais la réalité ne suit pas toujours. Certaines communautés nouvelles craignent, en se rendant attentives à des communautés anciennes, de perdre beaucoup de temps et peut-être de nuire à leur propre créativité parce qu'il y a là une sensibilité trop différente de la leur et parce que les institutions « classiques » donnent à considérer des problèmes parfois un peu austères. Pourtant cela pourrait leur permettre de bénéficier d'une expérience dans la durée, nourrie par une tradition séculaire. Quant aux communautés anciennes, il leur arrive d'être tellement dépaysées que le contact ne se produit pas ou trop naïvement pour qu'il puisse y avoir un véritable échange. Si l'échange réciproque avait vraiment lieu, il y aurait un apport fructueux, me semble-t-il.

Chaque fois que nous avons reçu à Ligugé des groupes venus du Renouveau, je dois reconnaître que ce contact a été heureux pour nous. Hélas, l'échange se fait plus difficilement dans l'autre sens : je trouve cela dommage.

Il y a des choses qui meurent dans les structures, mais aussi des tas de petites pousses nouvelles.

Il faudrait éviter de mettre ce qui meurt du côté des structures anciennes, et ce qui naît du côté des pousses nouvelles. Il y a des nouvelles pousses qui mourront très vite et des vieilles structures qui donneront des bourgeons. C'est tous ensemble que nous devons nous préparer à affronter des questions majeures qui dépassent de beaucoup les soucis et problèmes de nos communautés et même de l'Eglise : le devenir de l'homme, le devenir du cosmos... Pour l'instant notre héritage nous permet encore de tenir, mais il faut se préparer à du radicalement nouveau. Cela dit, quand on parle de l'avenir, il faut être très prudent car l'Esprit Saint peut nous réserver bien des surprises !

Des moines au cœur des communautés chrétiennes

Dans ce maëlstrom, les monastères pourront-ils garder leur identité ?

Certains pourront jouer le rôle de pôles très repérables. D'autres seront de plus petites unités réparties sur le territoire. Je pense aussi à un troisième modèle qui pourrait voir le jour : des monastères qui seraient intégrés dans un complexe de communautés chrétiennes et qui, dans une région donnée, vivraient le témoignage spécifique de leur vocation mais en lien étroit avec des paroisses, des mouvements, des groupes... On sera sans doute moins nombreux dans l'Eglise, donc plus proches les uns des autres. Les minorités s'organisent autrement.

Plus proches les uns des autres, est-ce à dire que les communautés monastiques se rapprocheraient des communautés paroissiales ?

Je suis très attaché à cette vision de communautés monastiques devenant vraiment un élément de la communauté chrétienne dans son ensemble. Il pourrait y avoir des collaborations et des échanges sur un lieu donné comprenant un monastère à l'intérieur d'une communauté chrétienne. Un peu comme étaient rassemblées des communautés fort diverses dans la cité épiscopale au 4e siècle, offrant un bouquet de témoignages complémentaires. Je trouve que l'on aurait intérêt à se situer dans une perspective de refondation en se demandant ce qu'il est possible de faire avec les mêmes moyens, mais dans des perspectives nouvelles. N'est-ce pas fascinant ? Sur ce point, les communautés nouvelles nous ouvrent des voies.

Pour faire un pas en ce sens, à Ligugé, nous avons donné la possibilité à des « laïcs associés » de partager notre vie sans prendre d'engagement définitif. Je rêve que l'on imagine des monastères qui soient des lieux d'émergence de nouvelles communautés chrétiennes où le groupe des moines s'inscrive dans un paysage plus vaste, composé de laïcs, hommes et femmes, de prêtres et d'autres religieux et religieuses qui, tous ensemble, partagent la prière et l'annonce de l'Evangile. Mais tout en préservant des limites, car si l'on mélange tout le monde, on a quelque chose de trop informe qui n'est guère viable. Il y a dans les communautés nouvelles l'élan de la jeunesse, une créativité forte qui nous invite à revoir nos habitudes, mais il faut une régulation, qui d'ailleurs s'opère déjà un peu, pour trouver un juste équilibre entre l'expression du charisme et une nécessaire institutionnalisation. Chaque siècle a son apport particulier qui fait parfois long feu ou qui doit s'adapter souplement aux circonstances pour survivre.

Finalement, la place que vous souhaitez pour les monastères, aussi bien dans la société que dans l'Eglise, n'abolit-elle pas la dichotomie établie par l'ecclésiologie classique, d'ailleurs déjà dépassée dans les faits, qui dit en substance : aux laïcs les tâches du monde (ad extra) *et aux clercs les tâches dans l'Eglise* (ad intra) *?*

Il serait temps que l'Eglise en finisse avec les dichotomies. D'autant plus que, en ce qui nous concerne, certains moines sont prêtres et d'autres laïcs ! La communauté monastique est une communauté chrétienne, au même titre que toutes les autres communautés d'Eglise, point final. C'est le témoignage et le travail de la communauté chrétienne à l'intérieur du monde qu'il faut penser. Que je travaille aux changements du monde ou à l'annonce de l'Evangile, je le fais en tant que membre d'une communauté, que je sois prêtre, diacre ou laïc. Le ministère presbytéral, le ministère diaconal et le laïcat représentent une diversité de modes d'être en communauté. C'est cette diversité qui nous permet d'être tous ensemble témoins et acteurs vivants des évolutions ecclésiales. Avec leur couleur spécifique, qu'ils soient prêtres ou non, ce qui prime pour les moines, c'est d'abord la communauté monastique. Même pris isolément, les moines vivent à l'intérieur du monde un témoignage de communauté qui représente quelque chose de fort dans l'héritage occidental.

Unir action et contemplation

*Si l'on pense en termes de communauté, la manière d'être au monde de votre communauté monastique me semble originale car elle est justement impliquée à la fois dans l'*ad extra *et dans l'*ad intra.

Oui, comme beaucoup d'autres. A mon avis, toute communauté chrétienne est concernée par cela. Je le répète : si un prêtre se pense comme une entité isolée, avec comme seul champ d'action un rôle particulier vis-à-vis d'une communauté, cela ne peut pas marcher. Les prêtres sont dans une relation d'unité avec les communautés vivantes qui leur sont confiées, au cœur du monde. Les prêtres sont des membres de la communauté qui, tout en vivant leur ministère à l'intérieur du groupe, témoignent avec lui vers l'extérieur. Quand ils célèbrent l'eucharistie au cœur de cette communauté chrétienne, ils apparaissent sous un certain jour qui représente ce qu'ils sont à l'intérieur du groupe, mais ils sont également impliqués comme membres de la communauté, vers l'extérieur. Le problème c'est que nous fonctionnons sur le modèle de la personne comme individu. Le prêtre, étant un individu, joue un rôle qu'a prévu l'institution, les fidèles étant des individus, ils jouent uniquement le rôle spécifique qui leur est assigné. Il faut éviter cela. Nous sommes une communauté rassemblée et nous agissons et parlons dans la référence à cette communauté, mue par l'Esprit Saint. La communauté des Actes des Apôtres a toujours été la référence privilégiée des communautés vivantes.

Cette vision communautaire abolit une autre dichotomie, elle aussi dépassée, entre action et contemplation. A la fin du siècle passé, on a opposé le militant et le spirituel. Au premier la présence discrète dans le monde et l'action sur les structures. Au second l'annonce visible et forte de la Bonne Nouvelle, et la conversion des cœurs. Est-ce que le « sel de la terre » et la « lumière sur la montagne » ne doivent pas se conjuguer au lieu de s'opposer ?

Oui, sortons de toutes ces dichotomies et renouvelons notre vision des choses ! Il n'y a pas le mystique d'un côté et le militant de l'autre ; les deux vont ensemble. Les anciens définissaient la vie spirituelle sous deux aspects : la vie active et la vie contemplative. Ce ne sont pas deux catégories comme on l'a cru à l'époque moderne, ce sont, je le rappelle, deux dimensions de la vie spirituelle qu'il faut tenir ensemble. La vie active, la *praxis*, étant la transformation de soi qui nous entraîne à agir et à nous convertir, et la vie contemplative, la *theoria*, étant la poursuite de ce but ultime de la vie humaine qu'est l'union à Dieu. C'est la conjugaison de ces deux dimensions qui va donner à notre témoignage, à l'intérieur d'une communauté, la chance d'être un peu sincère et de produire quelque chose de juste. Nous sommes des Occidentaux marqués profondément par les catégories qui s'opposent, alors qu'il faut tenir ensemble les contraires. Mère Teresa était une militante et en même temps une mystique. Tous ceux qui se sont inscrits dans une vie profonde de prière et de transformation de soi sont des militants extraordinaires qui transforment le monde. On ne peut pas dire : restez tranquilles, ouvrez votre cœur, il va se transformer et cela suffira... Pas plus que l'on ne peut dire : allez-y, foncez, agissez et votre cœur se transformera.

Je garde personnellement de bons souvenirs des partages au sein de la Jeunesse étudiante chrétienne (JEC) dont j'ai fait partie pendant plusieurs années. J'ai fait aussi partie d'une équipe d'Action catholique indépendante (ACI), dans les années 80, durant mes études au séminaire d'Issy-les-Moulineaux. Je pense cependant que dans ces groupes l'approfondissement proprement spirituel pourrait être plus important. On se rappelle le leitmotiv que constituait alors l'encouragement d'« une prière dans la vie ». La lecture de l'Evangile que l'on faisait avant ou après la réunion était trop souvent réduite par rapport à la place donnée à la grille du célèbre « voir, juger, agir ». Une saine prise en compte de la soif spirituelle exprimée par beaucoup permettrait un nouveau déploiement à ces mouvements qui ont donné et donnent encore de nombreux fruits dans l'Eglise.

CHAPITRE 8

L'urgence de l'œcuménisme et de l'interreligieux

La séparation des Eglises chrétiennes est un des freins pour la crédibilité de l'Evangile. Hélas, après de grandes avancées, le mouvement œcuménique stagne.

Il y a des fatigues ici ou là, des déceptions. Je crois que le mouvement œcuménique a quand même reçu un grand exaucement avec Vatican II et la Constitution sur l'Eglise, *Lumen Gentium* en particulier.

Le groupe des Dombes, la commission « Foi et Constitution » du Conseil œcuménique des Eglises (EOE), la commission « Justice et Paix », et les dialogues bilatéraux continuent de faire un travail de fond tout à fait utile et stimulant[1]. Il y a eu des avancées indéniables, mais au

1. Le groupe des Dombes a été fondé en 1937 par les abbés Couturier et Remilleux et par le pasteur Bäumlin. Groupe de travail de théologiens protestants et catholiques, soudés par l'amitié et la prière, il a fait avancer de nombreuses questions et publié de grands textes sur la communion des Eglises, les sacrements, l'Esprit-Saint, Marie, etc. Le Conseil œcuménique des Eglises a tenu son assemblée constitutive en 1948. Il rassemble plus de trois cents Eglises protestantes et orthodoxes. L'Eglise catholique n'en fait pas partie mais est associée à son travail par le biais de commissions : « Justice, Paix et Création » et « Foi et Constitution ». Il faudrait ajouter pour la France : le Secré-

point où nous en sommes, au lieu de s'acharner à poursuivre dans le même sens, il faudrait pouvoir rebondir et chercher à créer un nouveau mouvement œcuménique.

Nous interroger ensemble

Un nouveau mouvement œcuménique ?

Dans le contexte religieux et social qui est le nôtre, la priorité des priorités c'est de nous interroger tous ensemble – catholiques, protestants, anglicans et orthodoxes –, à frais nouveaux, sur la façon de dire Jésus-Christ aujourd'hui, en partant des questions qui nous sont posées par les hommes et les femmes de notre temps, de nous interroger ensemble également sur la nature de l'Eglise. Le groupe des Dombes est arrivé à des avancées extraordinaires mais qui ne prennent pas suffisamment corps dans la vie des Eglises. Il y a eu le document *BEM – Baptême, eucharistie, ministères*[1] – mais qui reste encore très lointain pour beaucoup. Nous avons à entendre en commun les interrogations de nos contemporains afin de revoir ensemble le langage de la foi sur l'incarnation, la résurrection, l'eucharistie. Je dis bien

tariat pour l'unité des chrétiens, fondé en 1963, qui relève de la Conférence épiscopale ; et le Conseil d'Eglises chrétiennes en France qui a vu le jour en 1987 et a publié de nombreuses prises de position sur des questions de société.

1. Publié par la commission « Foi et Constitution » du COE à partir d'un travail du groupe des Dombes, en 1982, le *BEM* pose les bases de positions communes sur le baptême, l'eucharistie et les ministères.

ensemble car les sensibilités religieuses qui ont produit des confessions différentes apportent chacune un éclairage utile à la vie du corps tout entier. Les Eglises de la Réforme, tout comme les Eglises orientales, apportent des éléments indispensables aux communautés catholiques et réciproquement. Nous avons à recevoir mutuellement les aspects qui ont été des motifs de séparation, tout en corrigeant ce qu'ils ont eu d'excessif pour enfin goûter ensemble ce qui peut nous permettre de mieux approcher la Révélation de Jésus-Christ et de l'annoncer d'une même voix avec des colorations variées. L'unité est d'abord un accord autour du témoignage du Christ, avec des accents différents à l'intérieur d'une même Eglise et entre les différentes Eglises locales.

Il existe déjà des exemples d'annonce de l'Evangile d'une même voix : expositions bibliques communes, campagnes d'évangélisation souvent inspirées par les méthodes des Evangéliques, actions communes pour la justice et la paix...

C'est vrai. Il y a des initiatives qui ne se cantonnent pas à la simple réflexion et qui représentent une certaine avancée vis-à-vis de l'institution. Il y a aussi chez certains la capacité percutante à vivre en communauté, une expérience de fraternité qui touche les gens. Tant que nous n'arriverons pas à un témoignage commun, nous ne serons pas crédibles. Il y a là un scandale que l'on ne peut se résoudre à accepter !

Ne regrettez-vous pas qu'il ne soit pas possible de communier à la même table ?

Si nous arrivions déjà à communier les uns avec les autres dans l'Esprit et très concrètement au jour le jour, ce serait très beau ! Si nous faisions vraiment communauté, l'eucharistie commune finirait par advenir. Peut-être y a-t-il des cas où l'eucharistie commune peut se pratiquer, mais ce n'est pas obligatoirement cela qui fera avancer l'unité. Je crois plutôt que c'est en faisant avancer la communion au quotidien que l'on fera avancer la possibilité de communier à la même table.

Des difficultés nouvelles

Pour qu'advienne l'unité, ne faut-il pas que l'on cesse de penser que la Vérité réside uniquement dans l'Eglise à laquelle on appartient, alors qu'elle réside en Christ ? Sur ce point les déclarations du cardinal Joseph Ratzinger[1] *refusant de reconnaître les autres Eglises au même titre que l'Eglise catholique ont été cruellement ressenties par les protestants et les orthodoxes.*

Le document que vous citez n'est pas l'œuvre du seul cardinal Joseph Ratzinger, mais de l'ensemble de la Congrégation romaine dont il était alors le cardinal-préfet. Les questions posées dans ce document sont tout à fait essentielles, tant sur le caractère unique dans l'histoire des hommes de la personne de Jésus, que sur la particularité de l'Eglise catholique et sur son rapport avec les autres

1. « Les communautés ecclésiales qui n'ont pas conservé l'épiscopat valide et la substance authentique et intégrale du mystère eucharistique ne sont pas des Eglises au sens propre », *Dominus Jesus*, 2000.

confessions chrétiennes. La doctrine qui a été rappelée dans *Dominus Jesus* visait à réduire les abus qui peuvent exister d'une manière inquiétante ici ou là, mais il n'avait certainement pas pour but de mettre à mal la dynamique œcuménique. La preuve en est que ce même cardinal Ratzinger joua un rôle capital quelque temps plus tôt pour faire aboutir un accord sur la doctrine de la justification avec des Eglises protestantes luthériennes. Et que Benoît XVI a déjà montré plusieurs fois son intérêt pour l'œcuménisme.

Il me semble important de redire ici une vérité toute simple : l'Eglise est le Corps du Christ. Elle est appelée à être évangélique, au point de consonner avec la Vérité du Christ, et c'est bien là que se trouve son unité.

Mais pour consonner avec la Vérité du Christ, ne faut-il pas justement une symphonie de toutes les composantes du christianisme ?

Le problème, c'est que plus le temps passe, plus les composantes historiques s'accumulent et se complexifient. Où allons-nous avec toutes ces divisions qui se sont additionnées au cours des siècles et qui continuent encore aujourd'hui ?

Qui continuent plus que jamais puisque tous les jours naissent de nouvelles églises pentecôtistes et évangéliques. C'est sans doute en Amérique latine que le phénomène revêt la plus grande ampleur. A titre d'exemple, au Brésil, les fidèles de ces nouvelles Eglises sont passés de treize millions à vingt-sept millions en une douzaine d'années. Ceux de l'Eglise catholique passant dans le même temps de 83 % à 74 % de la population. A votre avis, à quoi tient ce succès qui « vide » l'Eglise catholique ?

Je n'ai jamais pris le temps de me pencher réellement sur cette question. Il me semble percevoir dans les Eglises pentecôtistes et évangéliques une prise en compte de la démarche individuelle en matière de foi, avec une certaine liberté de pensée et d'action par rapport au groupe. Mais par ailleurs, la référence à la communauté est très présente : c'est un lieu chaleureux, fraternel où l'on se sent accueilli, aimé, reconnu. La dimension émotionnelle est également très forte. Lorsque émotion et spiritualité sont liées, on est quasiment sûr d'un franc succès, mais pas forcément sur le long terme. Savoir où puiser en soi et autour de soi pour être sûr de toucher juste et de durer ne peut se découvrir uniquement par l'émotion provoquée, il y faut aussi de la rationalité et de la mise en œuvre concrète.

Une encyclique de 1995, Ut unum sint, *proposait une relecture de la mise en œuvre du ministère de Pierre que les autres confessions chrétiennes ont accueillie avec scepticisme. Cependant le pasteur Michel Leplay écrivait récemment : « Je crois qu'il nous faut un ministère de communion entre toutes les Eglises de l'unique Eglise pour gérer la diversité catholique (et j'accepte le terme). Mais sans pour autant imposer une uniformité centralisée romaine*[1]*. » Voyez-vous un chemin possible vers un ministère de Pierre renouvelé ?*

1. *La Croix* du 24.04.05. Dans ce même numéro, on peut lire aussi un avis du père Boris Bobrinskoy : « Si on se place dans une ecclésiologie eucharistique et conciliaire, dans une plénitude d'Eglises en communion les unes avec les autres, les orthodoxes peuvent reconnaître que certaines d'entre elles, comme l'Eglise de Rome, ont une diaconie, un rôle de service à accomplir. Et c'est sans doute aussi comme cela que l'envisageait Jean-Paul II. Mais cela n'implique pas une primauté de juridiction. »

Personnellement, j'ai beaucoup apprécié l'encyclique *Ut unum sint* qui manifestait à quel point le pape Jean-Paul II appelait de ses vœux l'unité de toute l'Eglise dans la diversité de ses visages. Le pape terminait effectivement ce document par une demande expresse de révision du mode de fonctionnement de la primauté romaine. Un colloque a été organisé ensuite sous la direction de la Congrégation pour la doctrine de la foi qui a rédigé un document final. A vrai dire, il faut le constater, ce texte n'est pas très novateur. Mais le pape Benoît XVI est un bon théologien de l'Eglise. Il proposera peut-être quelques points d'attention à ce sujet. Il est vrai que c'est une question très épineuse, mais j'ai bon espoir.

Finalement quelles sont les questions essentielles qu'il nous faudrait d'urgence repenser, catholiques, protestants et orthodoxes, ensemble ?

Tout d'abord, le thème de l'incarnation. Comment peut-on aujourd'hui parler de Jésus-Christ comme Verbe incarné, qu'est-ce que cela signifie ? Comment parler également de la résurrection et du mystère pascal ? De plus en plus de chrétiens quittent l'Eglise, toutes confessions confondues, parce qu'ils ne trouvent pas de réponses suffisantes sur lesquelles ils pourraient vraiment appuyer leur foi actuelle. Deux réflexes sont fréquents : celui qui évacue les questions et qui invite à avoir la foi du charbonnier ou bien celui qui relativise et envisage les différentes dimensions de la foi avec insuffisamment de rigueur.

Il faudrait aussi pouvoir s'interroger ensemble sur le sens de l'eucharistie, à la fois comme Réalité dernière et comme sacrement. Il y a encore beaucoup d'autres dimensions qu'il serait nécessaire de revisiter en commun dans un esprit de conversion enracinée dans un regard de foi et dans une véritable expérience spirituelle.

Un monastère pionnier

Le monastère de Ligugé est concrètement impliqué dans l'œcuménisme. Comment cela est-il advenu ?

L'ordre bénédictin a cette chance d'avoir été créé avant les séparations des Eglises. Nous suscitons donc un a priori favorable, notamment au regard des Eglises orientales. Nous appartenons à la même Eglise indivise. Quand nous nous réunissons à Rome entre pères abbés, il y a toujours des représentants du monachisme des autres Eglises. Nous travaillons en commun et cela ne pose aucun problème.

Pour ce qui est de Ligugé, nous sommes un monastère pionnier en ce domaine, puisque nous avions été chargés dans les années 50, par un congrès des abbés bénédictins à Rome, d'approfondir cette question dans le monde monastique français. La communauté de Taizé poursuivait alors un projet de vie commune entre des frères de différentes confessions. Des relations ont été établies avec les frères de Taizé. Nous avons donc eu pas mal de contacts avec toutes les confessions. Nous avons organisé des sessions, et créé un centre œcuménique qui a bien fonctionné jusque dans les années 70. Par la suite, nous avons un peu ralenti notre activité en ce domaine, tout en continuant d'y accorder un grand intérêt. La plupart des monastères étaient d'ailleurs bien impliqués à cette époque. Pour poursuivre la tâche maintenant, je crois que nous devrions nous inspirer des expériences de vie commune comme le font la communauté de Bose en Italie, le Chemin Neuf ou d'autres communautés nouvelles. Vivre ensemble et avoir une expérience spirituelle commune dépasse de beaucoup le fait de se mettre d'accord sur des points de théologie. C'est là une piste capitale de renouvellement de l'œcuménisme.

Il est vrai que personnellement j'ai été très marqué par l'expérience d'ouverture partagée à Taizé. Le fait aussi que mon père soit d'origine protestante me donne l'impression de ne pas être étranger parmi les frères de la Réforme, et j'en suis heureux. Je l'ai particulièrement ressenti il y a quelque temps. Me trouvant à Valence, je me suis rendu dans le temple où mon père a pratiqué autrefois. Ce fut pour moi un grand moment de communion.

Il y a une vingtaine d'années j'ai eu l'occasion d'expérimenter la force du spirituel dans la rencontre avec des moines au mont Athos, qui pourtant sont très réservés en matière d'œcuménisme. Le fait que je sois resté recueilli toute une nuit dans le narthex de l'un des monastères, comme il se doit pour un non-orthodoxe, afin de partager la prière de la communauté, n'a pas laissé indifférent l'un ou l'autre moine. L'un d'eux s'est approché de moi et m'a dit sur un ton très ferme : « Tu es catholique, toi. » Je lui ai répondu : « J'ai la foi orthodoxe dans l'Eglise catholique. » C'était une façon de prendre les termes dans leur sens fort : la foi se doit d'être orthodoxe et l'Eglise se doit d'être catholique. Alors le moine a lâché toutes ses réticences, et un peu après, un autre moine est venu vers moi et m'a fait signe que je pouvais entrer avec la communauté dans le chœur. Simplement grâce à une espèce de diapason commun sur la perception de la réalité. Parce qu'il est bien évident que s'il y a une recherche de Dieu dans le mystère, très profondément, le Christ peut nous garder dans sa communion avec le Père dans l'Esprit.

Connaître et aimer les autres religions

A l'urgence de l'œcuménisme s'ajoute aujourd'hui celle du dialogue interreligieux. Le pape Jean-Paul II a fait considérablement avancer une réelle fraternité et de nombreux groupes de dialogue et d'action se multiplient partout dans le monde. Dans le même temps ne cessent de monter des haines communautaristes effrayantes, au point que l'on se demande ce qui va l'emporter : la haine ou la fraternité.

La religion, c'est du lien avec Dieu et avec les hommes, comme l'indique son nom. C'est donc obligatoirement un phénomène de fraternité. Ceux qui se prétendent religieux et qui cèdent à la haine ne peuvent pas justifier leur foi ; au contraire, celui qui aime son frère, quel qu'il soit, quelle que soit sa croyance, peut revendiquer l'appartenance à une foi religieuse. S'il n'y a qu'un seul Dieu, comme nous le croyons, il ne peut être qu'amour. Je pense très honnêtement que les questions politiques, sociales, culturelles, ne parviendront jamais à détourner totalement le phénomène religieux, même si ce genre de débordement ne peut être totalement exclu à certains moments de la vie des sociétés.

Le dialogue interreligieux est désormais inévitable, ne serait-ce que par les brassages de populations qui mettent en relation de voisinage, de profession ou tout simplement d'amitié des personnes de religions différentes. Il se vit aussi du fait de la confrontation de toutes les religions à des problèmes de société auxquels il peut être bon d'apporter des réponses communes. Enfin le dialogue interreligieux permet aussi un éclairage nouveau sur certaines questions théologiques. L'approche des autres croyants permet un regard différent qui ne manque jamais d'intérêt.

Le cardinal Ratzinger a dit un jour que la concurrence qu'il craignait le plus n'était pas celle des sectes mais celle du bouddhisme. En effet, de nombreux baptisés déçus de l'Eglise y trouvent un regain de vie spirituelle.

Un certain nombre d'Occidentaux pratiquent des formes de bouddhisme dont certaines sont très aménagées et correspondent bien peu à ce que l'on peut trouver en Extrême-Orient. Ce bouddhisme occidental parviendra-t-il à se suffire à lui-même comme doctrine philosophique ou religieuse ? Nul ne peut le dire. Mais si c'était le cas, il serait dommage de situer cette recherche en concurrence avec le christianisme. Il serait intéressant au contraire que les chrétiens essaient de comprendre ce qui peut se jouer dans l'adhésion à cette forme de bouddhisme, qu'ils se rapprochent de ceux qui le pratiquent et qu'un véritable dialogue s'instaure entre eux. Dans ce contexte, le christianisme est à redécouvrir comme voie de sagesse et trésor de vie spirituelle afin de pouvoir dialoguer avec des personnes qui pratiquent le bouddhisme et parfois proposer des éléments de réponse selon nos convictions et notre expérience chrétienne. Cela dit, il est certain que le bouddhisme répond bien à la quête religieuse très individuelle de nos contemporains.

Comment se concrétise votre engagement interreligieux ? Vous participez à des tables rondes, vous recevez au monastère des personnalités juives ou des moines tibétains...

J'ai participé l'année dernière à une table ronde à la foire-exposition de la ville de Niort, la veille de l'arrivée du dalaï lama qui devait donner une conférence. Un groupe de moines tibétains est aussi venu à Ligugé dans le cadre de notre association musicale. Nous en avons profité pour aller plus profond dans la rencontre. Nous avons organisé pour eux un parcours dans différentes communautés monastiques. Notre position en cette matière est simple : il faut se connaître et s'aimer, partager une humanité positive. On ne peut pas toujours parler de Dieu. Nous avons bien essayé avec les moines tibétains mais c'était difficile, parce que les mêmes termes ne recouvraient pas les mêmes réalités.

Je ne pense pas qu'il faille essayer de dire une parole commune en matière de foi avec les autres religions parce que nos manières de penser, nos philosophies peuvent être aux antipodes. Il faut se connaître, s'apprécier, essayer de travailler ensemble, se rendre visite ; ensuite, il se passera sûrement des choses qui nous échapperont et qui seront très bonnes. C'est bien dans ce sens que travaille une structure monastique comme le Dialogue interreligieux monastique (ou Monastic Interreligious Dialogue). Il y a là un souci important et très approfondi.

Avec les Tibétains, le fait d'être moine n'était-il pas déjà une terre d'entente ?

Bien sûr, entre moines on se comprend ! C'est une expérience universelle. Dans toutes les cultures, on trouve cette forme de quête, et sur la base de cette expérience humaine il y a des points de rapprochement. Avec les moines tibétains, il s'est passé quelque chose de très impressionnant. Ils ont assisté à nos offices, y compris à la messe, et ils faisaient les mêmes gestes que nous, par exemple les inclinations profondes aux « Gloire au Père, au Fils et au Saint-Esprit ». Ils partageaient notre rituel ; je ne sais pas pourquoi, mais c'était impressionnant. Le premier jour, seulement deux d'entre eux, un peu à l'écart du groupe, s'étaient profondément inclinés (cette inclination profonde est un geste très antique dans la pratique chrétienne) pendant la prière eucharistique, et ils avaient levé les mains au *Notre Père*. Le lendemain ils ont tous fait la même chose par une espèce de réflexe fraternel. On a vécu avec eux, au-delà des mots, un échange extraordinaire, on s'est sentis frères ; nous étions les uns et les autres très impressionnés. Et eux ont été très touchés de découvrir un univers monastique en Occident ; ils n'étaient pas totalement dépaysés.

Avez-vous des contacts avec l'islam ?

Avec l'islam il en va de même : c'est le vécu spirituel qui est important. Il n'y a pas très longtemps un soufi m'a demandé si nous accepterions de le recevoir comme oblat du monastère. Les oblats bénédictins sont des laïcs reliés au monastère par une promesse. Ils s'inspirent de la Règle de saint Benoît dans leur vie de chaque jour et accordent du temps à la prière conformément à l'idéal monastique. Même s'il était difficile de mettre en œuvre la demande de notre ami, il est toujours resté dans une relation extrêmement proche et fraternelle avec notre monastère et je crois que nous pouvons rendre ensemble un témoignage important. Nous avons réfléchi et conclu que le mieux pour ce soufi serait qu'il fasse partie des amis de l'abbaye.

Avez-vous des contacts avec les juifs, que les chrétiens appellent maintenant parfois nos « frères aînés » ?

Oui, nous avons des contacts avec quelques personnalités juives comme Elie Cohen, le rabbin Philippe Haddad et le rabbin Haïm Korsia. Avec les deux premiers, nous avons partagé des lectures de textes bibliques dans le cadre d'échanges avec des groupes « Bible et psychanalyse », en relation avec Marie Balmary. Je garde un souvenir très profond de ces rencontres. Pour ma part, cette dimension du dialogue interreligieux me stimule beaucoup.

Le contact avec les autres religions n'est-il pas un enrichissement pour notre connaissance de Dieu ? Au fond, est-ce que chaque religion n'a pas une connaissance de Dieu qui n'est que partielle ?

C'est un peu plus compliqué que cela. La figure du Christ, pour moi, témoigne bien de la présence de Dieu au monde. Il y a une révélation en cette personne, et l'Eglise est le sacrement de sa présence au monde. Donc, d'un point de vue sacramentel, on ne peut pas mettre en doute le fait que l'Eglise ait reçu un appel tout particulier.

Si le Christ de l'Evangile était le seul chemin vers Dieu, logiquement beaucoup n'accéderaient pas à Dieu ! L'expérience montre au contraire que le dialogue spirituel profond entre des personnes qui ne sont pas toutes sur ce chemin évangélique peut les faire se rejoindre en Dieu.

Il y a deux aspects dans le mystère de l'Eglise : l'Eglise sacrement qui représente le Christ au monde, et l'Eglise réalité dernière rassemblant tous ceux qui vivent dans la droiture et l'amour selon la force de l'Esprit. La médiation du Christ est quelque chose de capital dans l'Eglise. Mais qui est le Christ ? Comment faire droit à toutes ses dimensions ? Nous en reparlerons sûrement.

CHAPITRE 9

Le mal, un mystère auquel le Christ n'a pas échappé

Chaque fois que nous avons fait allusion au problème du mal dans nos entretiens, vous m'avez fait comprendre que vous redoutiez de l'aborder. Est-ce indiscret de vous demander pourquoi ?

Parce que j'en pâtis d'abord moi-même. C'est pourquoi je suis bien conscient de la complexité d'un tel sujet. On ne peut l'aborder en toute quiétude quand on sait à quel point cette dimension de notre existence ravage en profondeur la vie et l'expression du plus intime de nous-mêmes.

Le mal est un sujet incontournable, et un argument fréquent contre l'existence de Dieu. On entend souvent : « Si Dieu est bon, pourquoi a-t-il permis la Shoah ? Pourquoi laisse-t-il souffrir des innocents ? Pourquoi a-t-il fait mourir plus de trois cent mille personnes dans le tsunami d'Asie ? »

La difficulté, c'est qu'il n'y a pas de réponse ! J'ai envie de retourner la question en citant une réflexion du scientifique Jean Rostand qui était agnostique, sinon athée, et qui disait : « Ce qui m'étonne dans le monde, c'est moins le mal que le bien. Pourquoi y a-t-il du bien ? » En effet le bien est tout aussi surprenant que le mal.

Tout autour de nous règne la loi du plus fort, que nous percevons comme un mal. Dans ce contexte, ce qui m'étonne c'est le bien, c'est qu'un être puisse sourire à un autre ou qu'un échange d'amour soit possible. Personnellement je reste toujours étonné, sans doute par tempérament, que l'on puisse me vouloir du bien ou que l'on puisse s'intéresser à moi, déployer à mon égard un bon sentiment. C'est un cadeau que j'accepte avec beaucoup de joie et de tranquillité, mais cela me semble plus surprenant que si quelqu'un ne me prête pas attention ou me blesse. Bien sûr, quand cela arrive, je souffre, mais je peux m'y attendre par probabilité car je sais bien que la psychologie est complexe, et que chacun a des attitudes réflexes qui sont du ressort de la survie. Ces réactions de survie sont-elles à ranger dans la catégorie du mal ? Ce n'est pas si simple. Quand un animal en égorge un autre pour se nourrir, est-ce « bien » ou est-ce « mal » ? Il n'y a pas d'intention mauvaise, ni même d'intention consciente : il cherche simplement et instinctivement à se nourrir. Pourtant cela peut nous apparaître comme un mal puisqu'il y a souffrance et mort.

Au niveau interpersonnel, l'appréciation du mal et du bien dépend de la liberté qu'a l'homme de pouvoir choisir entre ce qu'il pense être le bien et le mal. Car même si l'on sait que notre liberté a des limites, c'est la liberté qui caractérise l'homme ; les autres créatures n'ont pas cette capacité. Quant aux événements et catastrophes qui ne dépendent pas de notre volonté, je pose une question : que savons-nous du devenir de la création ? Ce que nous éprouvons comme une souffrance et un mal – et qui l'est réellement pour notre subjectivité – est peut-être lié à un destin qui nous dépasse et qui, lorsque nous aurons franchi les barrières de ce monde visible, prendra une allure différente. Peut-être que notre regard doit se porter vers un au-delà de nous-mêmes. Toutes les religions offrent des réponses dans ce domaine. Pour le bouddhisme, tout ce que nous considérons comme joie ou peine est illusion ; cela n'existe pas. Pour le christianisme, joie et peine existent bel et bien et le Christ les assume totalement jusqu'à en mourir sur la croix ; et de cette mort jaillit la vraie vie en surabondance.

Que le Christ meure sur la croix, c'est tout de même humainement aberrant ! La réussite d'un Dieu ne peut pas être cet échec horrible ! Mais le Christ prend la question à bras-le-corps : Il sait ce qu'il en est de la vie de l'homme, de sa souffrance et de sa mort. Et non seulement Il le sait, mais Il le vit et le transforme. Il transforme cette condition vers son devenir véritable. Il réalise cela à son degré maximal puisqu'Il est l'innocent parfait qui prend les coups les plus injustes de la part non seulement des hommes qui sont en face de lui mais du péché, de cet enfermement sur soi qui refuse la manifestation de l'amour, de la fraternité entre les hommes. Qu'est-ce que l'on peut imaginer de plus injuste, de plus souffrant ? D'autant plus que le Christ est dans une conscience parfaite de ce qui se trame chez ses adversaires. Imaginons la souffrance de Dieu devant cette situation.

Le Christ n'a pas voulu souffrir

Vous me parlez de l'attitude du Christ devant la souffrance et la mort. Qu'est-ce que cela implique pour nous humains ?

Puisque le Christ nous a ouvert ce chemin vers la transfiguration de nos vies, ne sommes-nous pas comme dans l'obligation de suivre ce même chemin, en refusant d'en rester à cette souffrance qui nous accable pour regarder au-delà, en tentant de porter tout cela modestement avec Lui ? Ce qui a été malheureusement exploité dans la tradition chrétienne – et c'est une erreur – c'est l'idée qu'il était bon de souffrir, que le Christ a voulu souffrir pour nous sauver. Ce n'est pas vrai ! Le Christ n'a pas voulu souffrir, aucune créature ne recherche la souffrance. Le Christ a simplement eu une attitude juste devant cette réalité de la souffrance, comme Il l'a eue face à l'argent, face à ses adversaires durant toute sa vie. C'est l'attitude d'un amour qui ne se refuse pas et, en particulier, qui ne se refuse pas dans la circulation de l'Esprit qui l'unit au Père et aux hommes. Et c'est ce oui-là, dans la situation la plus abjecte, la plus inacceptable, c'est ce oui de la circulation d'amour qui est notre salut. En Lui la vie ne s'arrête jamais. En fait, selon la théologie de l'évangéliste saint Jean, la gloire de la résurrection est déjà présente sur la croix.

Sur la croix, le Christ a tout de même ce cri de désespoir : « Mon Dieu, pourquoi m'as-tu abandonné ? »

Il y a dans ce cri une prise en compte de ce que vit Jésus et en même temps la révélation d'une issue. Il y a une réelle prise en compte de la situation de souffrance, celle du serviteur souffrant décrit par le prophète Isaïe, et en même temps, à travers la prière du psaume 21 (h. 22) dont le verset « Mon Dieu, mon Dieu, pourquoi m'as-tu abandonné ? » est tiré, il y a comme une interprétation théologique de l'état de Jésus comme un pauvre de Dieu qui partage intimement la vie divine. Ce cri témoigne donc et de la souffrance et de la foi très profonde en une issue de vie bienheureuse, conformément à la suite du psaume. Je pense que dans l'expérience de Jésus il y a cette part d'expérience du croyant qui ne sait pas exactement ce qu'il en sera de lui dans le détail, mais qui livre toute son existence au plus fort de cette foi.

Vous parlez de la foi du Christ !

Je crois en effet que l'on peut parler de la foi du Christ, même si cela peut paraître étonnant. Jésus est un homme comme nous ; il fait l'expérience de la foi comme il fait l'expérience de la prière, de la souffrance, de la tentation. Sa foi est sans rupture, même si – les Evangiles l'affirment audacieusement – il a pu y avoir dans la pensée du Christ un désir de prendre de la distance quand, au Jardin des Oliviers, il dit : « Que cette coupe s'éloigne de moi. » C'est incroyable d'entendre cela de quelqu'un que l'on reconnaît comme Fils de Dieu en personne ! Si Jésus n'était purement et simplement que Dieu, pourquoi serait-il tenté ? Les grandes hérésies ont achoppé sur cette question.

Concernant le mal, finalement, on ne sait rien. On ne sait ni pourquoi ni comment certaines choses nous arrivent ni vers quoi elles nous mènent. On ne peut vivre cela que les yeux fixés sur le Christ, dans une foi qui donne sens à notre passage en ce monde. Il est nécessaire aujourd'hui de poursuivre la recherche théologique sur le mystère du mal et sur les manières de dire cette réalité à nos contemporains.

Seulement être proche et aimant

J'entends bien que vous, personnellement, vous parveniez à vivre avec ce problème du mal en vous situant dans la réalité de la mort et de la résurrection du Christ. Mais quand vous avez en face de vous une mère qui a perdu son enfant...

On ne peut qu'être proche d'elle et très aimant. J'ai partagé la douleur d'une famille qui a perdu un jeune fils dans un accident. Le corps a été incinéré et la maman est venue me voir en me disant qu'elle se sentait incapable de garder l'urne funéraire ; elle m'a demandé si j'accepterais de la prendre au monastère au moins pendant un temps. Elle voulait que les cendres de son fils soient dans un lieu où il se passerait quelque chose de bon pour lui, avec l'assurance qu'il serait porté dans la prière du monastère. « Quand je serai prête, a-t-elle ajouté, je viendrai la reprendre. » J'ai accepté, exceptionnellement, et j'ai gardé cette urne dans un lieu approprié. Je vivais avec le sentiment fréquent de la présence de ce garçon, et je peux dire que j'ai partagé avec cette famille quelque chose de très profond. Nous nous rencontrions régulièrement pour parler ensemble de celui dont le souvenir restait si présent en eux. Un jour cette mère m'a demandé si on pouvait garder l'urne dans notre cimetière. J'ai refusé, lui expliquant que, d'une part, si l'on acceptait pour lui il faudrait accepter pour d'autres et que, d'autre part, son fils n'étant pas membre de notre communauté, on n'avait pas le droit de lui imposer, d'une certaine manière, d'y entrer. Quelque temps après, cette femme a décidé de mettre l'urne dans le caveau familial. Durant tout ce temps, la proximité m'a semblé être la seule réponse à sa souffrance. Je ne vois pas ce que j'aurais pu lui raconter. D'autant plus que j'ai moi-même une expérience tellement douloureuse de toute souffrance ! La moindre chose est pour moi l'objet d'une souffrance terrible, et quand je souffre, cela m'envahit tout entier. Si bien que devant de tels événements, je suis en mesure de ressentir ce qui est en jeu pour les personnes concernées. Je n'ai rien à dire et je crois qu'il n'est pas bon de dire quelque chose. Il suffit d'être là, sans se perdre dans des explications alambiquées ni essayer de poser des gestes qui sonnent faux.

J'ai un autre souvenir très fort : un partage avec certains prisonniers de Thiès, au Sénégal. En entrant dans la prison et en parlant avec eux, j'ai perçu combien leur situation relevait de l'horreur. Ces moments restent parmi les expériences les plus intenses de ma vie, car je sentais que leur souffrance indescriptible était un peu soulagée grâce à une relation tout simplement honnête, amicale. Et eux-mêmes m'apportaient beaucoup, car ce sont des gens qui ont une expérience humaine forte, y compris dans la violence. Quelqu'un qui a commis un meurtre est habité sans cesse par cet acte qui va rester inscrit en lui jusqu'à sa dernière seconde. Lorsque vous approchez quelqu'un qui a commis un tel acte, la relation ne peut pas être superficielle.

Une autre fois, en confession, je me suis trouvé en face de quelqu'un qui sortait de prison et demandait de l'aide pour repartir. Je ressentais toute la lourdeur de sa situation. Qu'est-ce qu'on fait dans ce cas-là ? Comment est-on présent à cette souffrance ?

Je me souviens aussi d'une femme qui était venue toute jeune en France, arrivant d'un pays lointain. Elle s'était malheureusement jetée dans les bras du premier venu. Elle s'était retrouvée enceinte. Elle avait été prise en charge par une association spécialisée. Je l'ai accompagnée pendant plusieurs années. Elle a eu un deuxième enfant. Elle vivait une souffrance énorme. Elle a été atteinte d'un cancer et est décédée dans un mouvement impressionnant de remise d'elle-même dans la paix. Je suis allé plusieurs fois la voir à l'hôpital. Il y avait une densité incroyable dans cette relation, dans la souffrance partagée avec le poids de toutes les incohérences de la vie auxquelles se mêlait une espérance sans failles. Elle n'attendait aucune parole, mais une présence vraie.

Satan existe-t-il ?

Dans l'Iran de Khomeiny, l'Amérique était qualifiée de « Grand Satan ». Actuellement, pour les Américains, le mal est incarné par les terroristes islamistes. Par ailleurs, il y a des chrétiens qui parlent du diable comme d'une personne. Pour vous, est-ce que le mal est personnifié ?

C'est quelque chose de très mystérieux, on ne sait pas comment fonctionne le mal. Il y a des moments dans notre vie où des choses nous tombent sur la tête sans que l'on voie vraiment d'où elles peuvent venir. On se pose la question de la cause profonde de cette intrusion, mais on ne peut l'exprimer que par des images car on n'a guère accès à la réalité invisible elle-même. Quand on veut décrire une expérience, on la décrit avec des figures, des mots, en se référant à une tradition, à des récits qui sont des indications éclairantes. Une de ces indications est le nom même que l'on a donné à la puissance du mal : Satan, qui signifie l'adversaire, celui auquel on se heurte de plein fouet. C'est une manière de nommer le mal sous la forme d'une fonction, si l'on peut dire. Le mot « diable », qui est un nom commun, est aussi une manière d'exprimer la figure du mal. Littéralement le *diabolos* est celui qui désunit. En premier lieu, il s'agit là de la division interne que nous éprouvons en permanence.

Le diable ou Satan seraient davantage la traduction d'un ressenti psychologique que d'une entité réelle ?

Je n'en sais rien. Je ne sais pas comment cela fonctionne. Je sais simplement qu'il y a dans ce domaine des choses qui nous échappent.

Dans l'Evangile, le mal est souvent et concrètement évoqué : il y a le diable qui tente Jésus au désert, les démons chassés par Jésus s'incarnant dans les porcs qui vont se jeter à la mer...

C'est une manière imagée d'exprimer les choses de manière très percutante. Est-il plus pertinent de dire : « Le mal est incarné dans une créature spirituelle », que de dire : « J'ai un démon qui me tourne dans la tête » ? Ce sont des façons d'exprimer une expérience qui dépasse la possibilité que nous avons de la cerner totalement. Et il est important de pouvoir exprimer cette expérience troublante, à condition toutefois que le discours ne devienne pas manichéen, en affirmant qu'il y a le dieu du bien et le dieu du mal et que tous deux s'affrontent en un combat à armes égales. Il n'y aurait plus qu'à choisir son camp dans ce duel ! Absolutiser l'esprit du mal à égalité avec l'esprit du bien ne correspond pas à la révélation biblique et à la tradition chrétienne.

La purification du moi illusoire

On ressent pourtant concrètement le combat entre les forces du bien et celles du mal. La scène du monde en offre un spectacle saisissant. Regardez ce qui se passe en Israël et en Palestine. Dans les deux camps, il y a des gens qui sont porteurs de forces de paix et de réconciliation et on a l'impression depuis des années que leurs efforts sont constamment annihilés par des forces négatives. C'est impressionnant et douloureux, et l'on se demande où ces forces du mal prennent leur source.

C'est une vraie question. Chacun de nous en fait l'expérience, et personne ne peut se situer comme un juge qui, de l'extérieur, décrète que telle ou telle personne est habitée par un esprit du mal. Il me semble important de reconnaître que nous sommes tous confrontés à cette ambiguïté dans notre devenir d'hommes et de femmes. La division intérieure nous guette sans cesse et l'adversité peut s'exercer constamment en chacun de nous. Il y a des zones de nous-mêmes qui cèdent à cette force de division et d'adversité. A mon avis, ce sont toutes ces parties de nous-mêmes qui « brûleront » après notre mort, toutes ces vieilles peaux dont nous aurons à nous dépouiller, sans doute douloureusement, mais qui ne sont pas vraiment nous. Il est bon que nous nous disposions d'ores et déjà à cette transformation. J'imagine qu'elle se passera dans l'amour et qu'elle se fera comme elle doit se faire. Cette partie de moi, cette partie de nous, sera comme arrachée parce que n'appartenant pas vraiment à ce nous dernier, et elle sera livrée aux flammes, si l'on peut parler ainsi. Cette purification est déjà au travail en nous, dans le discernement de ce qui est bon pour l'humanité et pour la création. Au contraire, chaque fois que ces parties illusoires de nous-mêmes restent accrochées à nous, un poids supplémentaire de division s'inscrit dans la vie de l'humanité.

Ce combat entre le bien et le mal, tous les grands saints l'ont éprouvé. Et c'est peut-être au moment où ils ont la conscience la plus aiguë de ce qui est mauvais en eux par rapport à la sainteté de Dieu, que les forces du mal semblent se décupler. Comme si le démon, voyant qu'une personne lui échappe, redoublait d'acharnement. Au point que saint Paul dit : « Je fais le mal que je ne voudrais pas et je ne fais pas le bien que je voudrais. »

Oui, cette expérience peut être si forte que l'on se dit parfois : « Il y a quelqu'un qui en veut à ma vie. Ce qui se joue à ces moments-là ne me concerne pas seulement moi-même ; cela concerne aussi le devenir de l'humanité tout entière. » Quand un saint fait l'expérience du mal, il ne fait pas seulement l'expérience du mal qui l'attaque lui-même, mais du mal qui attaque tout le corps de l'humanité. Le Christ a vécu cela au plus haut point. Il fut confronté au mal dans tout ce qui entrave le devenir de l'humanité vers le bien. Et en tout, Il a trouvé la position juste. Il a eu une attitude assez sobre dans cette confrontation avec l'esprit du mal. Il dit simplement : « Sors de cet individu » ou : « Entre tes mains je remets mon esprit », alors que les scénarios de confrontation avec les démons prennent parfois dans la littérature spirituelle des tournures assez extravagantes.

Est-ce cela que l'on appelle le combat spirituel ?

Il y deux dimensions à prendre en compte. La première est celle de la connaissance de soi-même et du travail sur soi. Il s'agit d'abord de savoir comment les choses se passent en nous et de les sortir, de les mettre au jour dans l'ouverture du cœur pour qu'elles se calment, qu'elles s'objectivent et qu'on les trie. La deuxième dimension est la prise en compte du fait que ces mouvements qui vont à l'encontre du bien ne sont pas forcément de notre fait, de notre psychologie ou de notre mauvaise volonté, c'est aussi quelque chose de beaucoup plus vaste qui touche à l'esprit du mal dans le monde. Il y a un discernement à opérer sur ce qui se passe dans notre vie et ce n'est pas facile : lorsqu'on va à l'encontre de ce que l'on croit être le bien, on se sent extrêmement coupable. La tradition monastique conseille devant de telles questions de les laisser glisser, de les laisser passer, et de repartir à neuf. Se culpabiliser à outrance, dramatiser à l'excès, bloquer son énergie ou s'enfoncer dans la tristesse ou le découragement serait une tentation pire encore. Il vaut mieux se tourner vers l'avenir et repartir du bon pied en sachant aussi que les actes faussés ne sont pas forcément toujours de l'ordre du péché volontaire, consciemment nourri, prémédité. Une attaque qui nous tombe sur la tête ne doit pas nous troubler et nous décourager. Le travail de l'adversaire en nous, c'est de provoquer du trouble qui nous empêche de voir clair. Donc il faut que nous puissions disposer de quelques moyens pour que les eaux troubles se clarifient. Une fois que l'eau a décanté, on y voit mieux et on fait les choix qui conviennent. Les grains de sable qui troublent l'eau sont des apports inutiles, des brouillages soit de notre part, soit venant d'ailleurs. Quant à l'expression « combat spirituel », je la trouve un peu dangereuse car il est délicat de présenter la suite du Christ uniquement comme un combat. Je pense que c'est plutôt un propos de justesse, d'équilibre, de vérité, de paix, qui passe par une lucidité. Ce n'est pas forcément un pugilat.

Reste la question : le mal est-il inscrit dans notre devenir comme une chose délibérément acceptée par Dieu, ou bien est-ce qu'il s'est introduit après que tout a été fait bon ? Le péché que l'on appelle « originel » serait alors la cause de l'introduction du mal dans l'histoire de la création. En fait, dans le devenir de l'homme sont inscrits le bon penchant et le mauvais penchant, et notre nature est libre de dire oui ou non à l'un ou à l'autre, aux carrefours de notre vie. Le péché originel est la présentation théologique de cette problématique de confrontation au oui et au non. Dans la Genèse, ce que l'on a appelé plus tard le péché originel est présenté comme l'adhésion d'Adam et d'Eve au non total et définitif lancé à Dieu par l'Adversaire, le serpent perfide des « origines ». L'éventualité de ce non dans une vie d'homme n'est pas à remettre en cause sur le principe, mais on peut se demander s'il pourra se maintenir au-delà même de la mort face à l'expérience bouleversante de la rencontre de Dieu. Pour terminer, je crois important de souligner que l'homme a été fait à l'image de Dieu et qu'il va vers sa ressemblance. Il y a quelque chose qui n'est pas fini en lui, et la disposition du cœur de l'homme par rapport au bien et au mal joue un rôle incontestable dans la croissance de l'humanité.

En Dieu il n'y a que du pardon

Et si l'on parlait du pardon. Dans l'Evangile il est souvent question d'un pardon global qui renouvelle la personne tout entière, au physique et au spirituel. Jésus dit au paralytique : « Lève-toi et marche », mais aussi : « Tes péchés te sont remis. »

Le pardon c'est le don qui est fait jusqu'au bout, c'est le don échangé dans sa totalité quelles que soient les circonstances. C'est la circulation de vie et d'amour entre les êtres qui continue de fonctionner même dans des situations où tous les obstacles se dressent pour la bloquer. Et si la circulation fonctionne, le corps est vivant, la vie prend le dessus sur la mort. Avec le Christ, le pardon n'est pas un oubli du problème. On ne le gomme pas, mais on le remet entre les mains de Celui qui peut tout. Même Jésus, quand il est sur la croix, ne dit pas : « Je leur pardonne », mais en s'adressant à son Père il demande : « Pardonne-leur, ils ne savent pas ce qu'ils font. » Il s'en réfère au Père car le principe qui est en Dieu est une source de donation permanente. En Dieu, pourrait-on dire, il ne peut y avoir que du pardon. Il ne peut pas y avoir la retenue des fautes, c'est impossible sinon ce n'est pas Dieu. Alors que nous, qui ne pouvons accéder à la vision globale de toutes choses, nous nous arrêtons sur les faits et nous sommes bloqués, nous n'arrivons pas à pardonner.

Humainement, le pardon est parfois très difficile !

Le mal, un mystère auquel le Christ n'a pas échappé

Il y a des circonstances où l'on est dans l'incapacité de laisser cette circulation de vie et d'amour s'opérer librement. Dans ce cas, le pardon ne peut consister à aller embrasser son frère pour repartir à zéro. Ce sera peut-être simplement tenir la bonne distance pour que l'amour ne soit pas définitivement cassé.

En attendant que l'on soit capable de demander pardon ?

Ou parce que l'autre n'est peut-être pas capable de le recevoir sinon comme une insulte. Il y a un discernement délicat à opérer dans le mode de fonctionnement du pardon. C'est parce que le pardon est difficile qu'il faut s'en remettre à un Autre pour laisser passer en soi une grâce particulière qui va nous permettre un changement intérieur. Mais il ne faut pas que le pardon soit de l'oubli. On ne rumine pas, mais on n'oublie pas. La force d'Esprit Saint nous permet parfois de dépasser le regard immédiat sur les faits, d'entrevoir peut-être que quelqu'un qui vous a fait du mal est rarement un acteur pleinement volontaire de ce mal ; il y a la part de toutes ses blessures, des circonstances qui sont intervenues pour l'amener à dire ou à faire ce qu'il a dit ou fait. Nous-mêmes ne sommes pas toujours pleinement responsables de tout ce qui advient, de tous les obstacles qui entravent notre liberté et qui nous font parfois éprouver de la culpabilité. Il y a aussi le cas où c'est à Dieu que l'on n'arrive pas à pardonner parce que nous imaginons que c'est lui qui nous amène à souffrir douloureusement. Dans ces cas-là il convient de s'interroger sur l'image que l'on a de Dieu : est-ce un Dieu qui fait tout ou un Dieu qui nous laisse notre part de responsabilité avec nos contingences humaines et par conséquent avec des événements qui se produisent sans qu'il en soit le seul auteur ?

Le sacrement du pardon n'est pas ce que vous croyez

L'Eglise catholique possède un sacrement du pardon, mais il est un peu tombé en désuétude. Faut-il le regretter ?

Dans la tradition de l'Eglise, le sacrement du pardon vise les fautes majeures, graves, comme le reniement de sa foi, le meurtre, le détournement de fonds ou l'adultère, car ce sont des actes qui blessent vraiment la circulation de l'amour, l'ouverture à l'autre et l'ouverture à la communauté. Le signe de l'unité du Corps du Christ, sacrement d'Alliance par excellence, est alors endommagé par cette contradiction entre l'attitude d'un de ses membres et ce qui est inscrit au cœur de sa vocation de baptisé. A l'origine du christianisme, c'était le baptême qui était censé libérer de tous les péchés antérieurs. Mais dès les premières générations chrétiennes, on a constaté que l'on péchait encore après le baptême, et on a donc mis au point un processus d'accompagnement du pécheur afin qu'il se convertisse et qu'il retrouve la circulation de la vie. Par ailleurs, et parallèlement, est apparue dans la tradition monastique puis dans toute l'Eglise la coutume de l'« ou verture du cœur » qui consiste à s'adresser à un ancien et à lui livrer ses pensées. L'ouverture du cœur est conçue comme bénéfique en soi sans qu'il soit question de sacrement ou de remise des peines.

A partir du 9e siècle, on assiste à la quasi-disparition de la pénitence publique et à un surcroît d'intérêt pour l'ouverture du cœur. Plus tard, le Concile de Trente canonisera cette forme de pénitence privée, qui était vécue depuis quelques siècles comme sacramentelle. C'est au 12e siècle en effet qu'est apparue dans l'Eglise la classification des sept sacrements. Le sacrement individuel de la pénitence, qui s'est généralisé au cours des siècles suivants, relève tout autant de l'accompagnement spirituel que de la remise des péchés au sens strict, même si beaucoup souhaitent aujourd'hui marquer la différence d'approche entre ces deux démarches. En effet il a toujours été nécessaire d'exprimer ce qui accable la conscience et, faute de psychanalystes, le confessionnal était le seul lieu où l'on pouvait le dire. Le philosophe Michel Foucault a montré combien le confessionnal fut à certaines époques le seul lieu de parole. Mais c'était un peu le défouloir, l'exutoire de toute la part de scrupule moral qui pouvait se glisser dans les consciences, et la dimension proprement sacramentelle était un peu détournée de son sens profond. Aujourd'hui on se confesse moins. Par contre il y a une demande croissante d'accompagnement spirituel à laquelle les diocèses commencent à répondre. On est donc dans l'ordre d'une demande individuelle d'accompagnement qui n'est pas obligatoirement associée à une dimension sacramentelle. Le sacrement de réconciliation peut être ou non lié à cette démarche, comme un don particulier d'Esprit Saint. Par ailleurs le sacrement de réconciliation connaît un regain de pratique dans les lieux de pèlerinage ou dans les monastères ainsi qu'au moment des grands rassemblements.

Dans un cheminement spirituel, avec toutes ces luttes dont nous parlions tout à l'heure le sacrement du pardon peut-il être une aide ?

C'est évident. Le fait de vivre cette démarche qui est une aide venant de Dieu, un don particulier de l'Esprit

Saint, permet de passer des luttes, des contradictions internes. Ce n'est pas magique, mais c'est réel. Celui qui pratique une véritable ouverture du cœur afin de se disposer à recevoir l'absolution, et qui accepte de vivre sincèrement la pénitence destinée à favoriser la conversion, en reçoit incontestablement une grâce de renouveau. Mais par ailleurs, l'accompagnement spirituel en lui-même est un puissant sacramental.

Que dites-vous des célébrations pénitentielles collectives ?

Après le concile Vatican II, on a voulu parfois remplacer la forme individuelle du sacrement par des célébrations pénitentielles avec absolution collective qui constituent l'un des schémas du nouveau rituel romain de la pénitence dans certaines circonstances bien précises. A mon avis cette forme d'intervention, qui revient à absolutiser l'absolution, témoigne bien d'une conception trop rigide des signes sacramentels. Lorsque l'on ne peut pas donner sur place des absolutions individuelles, notamment lorsque les prêtres ne sont pas disponibles ou pas suffisamment nombreux, il vaudrait mieux organiser des célébrations pénitentielles avec une véritable démarche commune de reconnaissance des obstacles que l'on met à la communion et au progrès de l'Eglise et de l'humanité, et accompagner cette démarche d'une prière commune finale qui soit la reconnaissance du pardon de Dieu, mais sans absolution. Le rituel romain prévoit aussi cette forme de célébration. Si l'on souhaite donner une dimension sacramentelle à ce type de cérémonie, il est toujours possible de célébrer l'eucharistie, car, on ne le sait pas assez, la participation à la communion eucharistique procure aussi le pardon des fautes « quotidiennes », selon l'expression patristique. Le rituel prévoit l'absolution collective dans des cas particuliers qui restent assez exceptionnels. Quoi qu'il en soit cependant de cette absolution collective, elle nécessite toujours le sacrement sous la forme individuelle pour une faute grave. En temps ordinaire on aurait plutôt besoin de cérémonies pénitentielles très fortes où l'on se jetterait tous à terre pour reconnaître du plus profond de soi-même les obstacles que l'on peut mettre à la construction de la communauté et au salut de Dieu pour l'humanité tout entière. Mais il faut rentrer dans cette démarche et pour cela il est nécessaire de bien l'expliquer et de la préparer avec soin. Quelle que soit la forme, le pardon a une place importante dans l'expression de la Bonne Nouvelle.

CHAPITRE 10

Y a-t-il un retour du spirituel ?

On parle beaucoup de « retour du spirituel ». Les historiens Jean-Marie Hilaire et Gérard Cholvy en notent les symptômes à partir du milieu des années 70, et les sociologues Danièle Hervieu-Léger et Françoise Champion en ont analysé les expressions contemporaines. Par contre, un évêque, qui est aussi sociologue, Mgr Gérard Defois, pense que la plupart des gens ne ressentent pas le besoin de spiritualité pour vivre. Qu'en pensez-vous ?

Je ne parlerais pas de « retour » car je pense que le spirituel n'a jamais été totalement exclu. L'homme est constitué de telle manière que ses différentes dimensions ont besoin de vivre et de s'exprimer, et celle de l'esprit n'est pas la moindre. Plutôt que d'un « retour du spirituel », je parlerais d'un constant déplacement des besoins et des expressions du spirituel. Une évolution capitale dans cette perspective s'est manifestée à la fin du Moyen Age lorsque s'est développée la conscience individuelle. La Réforme a intégré d'une manière très forte cette nouvelle perception. La dimension religieuse en a été progressivement bouleversée. Ainsi les 16e et 17e siècles ont été marqués par l'élan visionnaire préparé par la *devotio moderna* où chacun recherchait le goût d'une union personnelle de l'âme avec Dieu. Le siècle des Lumières a pris ses distances à l'égard du Dieu des chrétiens pour développer un culte de la raison à l'Etre suprême. Le 19e siècle fut alimenté par le romantisme spirituel, et confronté aux philosophies du soupçon. Nietzsche n'était-il pas finalement à la recherche éperdue d'un autre visage de Dieu, refusant radicalement celui que présentait le christianisme de son époque ? Un philosophe chrétien comme Kierkegaard a vécu une inquiétude semblable, mais à l'intérieur du christianisme. Et au 20e siècle, nous avons assisté à la fois à une apothéose de l'institution et à son ébranlement de toutes parts avec les secousses des deux guerres mondiales, provoquant l'effondrement progressif de certaines attitudes religieuses bien établies et renvoyant chacun à sa conscience. Les années 50, 60 et surtout 70 marquent un sommet de ce courant d'individualisme dans lequel chacun cherche par lui-même la vérité, dans une authenticité et un accomplissement personnels qui résument bien le programme spirituel de la personne retranchée dans sa subjectivité. Il en résulte un type de recherche spirituelle à laquelle les catholiques, encore marqués par une institution triomphante, n'étaient pas tellement préparés d'un point de vue pastoral...

Vous êtes remonté très loin. Revenons plus près de nous. Le pasteur André Dumas qualifiait les années 65-75 de « décennie d'interdestruction soupçonneuse ». Est-ce que dans ces années agitées et dures vous voyez aussi une quête spirituelle ?

Bien sûr. Il y a eu le courant hippie, celui du retour à la terre des communautés alternatives, le phénomène Katmandou, Gandhi... Le trappiste Thomas Merton a tenu un rôle très important dans ce domaine. Mais il y a aussi d'autres réalités du même genre y compris chrétiennes, que l'on pense à Taizé et par ailleurs à la naissance des communautés nouvelles au cœur de ce que l'on appelle le « Renouveau charismatique ». Le concile Vatican II, en matière d'événement spirituel, dépasse tout ce que l'on peut imaginer. Je n'oublie pas la fécondité des mouvements d'action catholique qui ont été et sont encore des acteurs très puissants en matière de formation de la personne, d'approfondissement de la foi et d'engagement. En 1969, alors que les instances nationales de la Jeunesse étudiante chrétienne étaient en pleine crise, j'y ai moi-même vécu, sur le terrain, quelque chose de très profond. Nous étions accompagnés par un jésuite de Limoges et quelques jeunes OMI (oblats de Marie Immaculée) en formation à l'abbaye de Solignac, qui avaient une très haute idée de ce que représentait la relation à Dieu et aux autres. J'ai vraiment vécu des années très riches à la JEC. Je pense aussi au Mouvement œcuménique et à la vitalité du Conseil œcuménique des Eglises. Mais il faut bien avouer, en écho à votre citation d'André Dumas, qu'à cette époque, à côté des aspirations à la vérité et à la communion qui se traduisaient de manières nouvelles, il y avait aussi des remises en question systématiques et matérialistes qui venaient brouiller le paysage des élans spirituels. Sans les tuer pour autant.

Déplacement plus que retour du spirituel

Il me semble que, jusque dans les années 90, les nouveaux courants spirituels se réfugiaient dans les marges, alors qu'aujourd'hui ils ont leur place dans la pensée à la mode.

Ils ne sont ni plus ni moins à la mode ! Ce ne sont pas dans des revues comme *Psychologies* ou *Nouvelles Clés* que se trouve la pensée dominante même si leur impact est important ! Ce qui est dominant, c'est ce que j'ai vu récemment dans le train : à côté de moi, deux jeunes se délectaient en regardant sur leur ordinateur un DVD pornographique ; toute la voiture du TGV pouvait « profiter » des sons très bestiaux qui sortaient de la gorge des acteurs. Les jeunes s'amusaient follement d'un tel spectacle. Voilà une attitude et une pensée, si l'on peut dire, qui ne manquent pas d'être à la mode. Ou bien encore cette manière systématique de mettre en avant la dimension économique comme clé du bonheur.

Non, on ne peut pas dire que le spirituel, à quelque époque que ce soit, ait été un courant dominant. Mais on ne peut pas dire non plus qu'il soit absent aujourd'hui. Regardez comment l'extraordinaire rayonnement de Gandhi et le grand respect que l'on a pour cet homme se sont manifestés d'une manière remarquable, lors de la sortie du film qui lui a été consacré. J'évoquais aussi le concile Vatican II : toutes les télévisions du monde montraient les images de ces hommes mitrés qui venaient discuter sur l'avenir de l'Eglise avec un pape infiniment charismatique et des représentants œcuméniques. Et pourtant, ni Gandhi ni le Concile n'ont marqué d'une manière visible la pensée dominante. Le discours dominant ne s'aligne ni sur les prophètes ni sur les événements spirituels, aussi forts soient-ils.

La mort et la célébration des funérailles de Jean-Paul II ont été un événement planétaire et interreligieux bouleversant. N'a-t-il pas révélé combien l'humanité avait soif d'un guide spirituel ?

Cet événement a été bouleversant et a touché le monde entier. Il a incontestablement signifié une grande soif de vérité et de spiritualité. Pour autant, il a suscité aussi des réactions face à la prépondérance que lui ont donnée les médias. Par ailleurs, ce qui a touché les foules, c'est surtout le témoignage d'un homme qui, tout au long de sa vie, a agi avec une extraordinaire rectitude et un impressionnant don de sa personne ; comme pape, ses dons de communication lui ont permis de diffuser un message bouleversant d'amour et de paix qui a eu des conséquences concrètes dans la vie du monde. Je ne pense pas que, pour autant, le regard sur l'Eglise ait changé ni que son discours ait plus d'impact après cet événement retentissant de la mort de Jean-Paul II. Les foules, et les jeunes en particulier, ont aimé Jean-Paul II, mais elles ne l'ont pas toujours compris ou suivi en tout point.

Je maintiens que depuis une quinzaine d'années le « retour du spirituel » est perceptible. Les enquêtes indiquent une remontée de la prière et des croyances en un au-delà. Il se chiffre même économiquement, par la montée du tirage de la revue Psychologies *ou le boom des ouvrages dits de spiritualité.*

Encore une fois, c'est un déplacement, ce n'est pas un retour. Les tirages des éditions de littérature chrétienne en 1965 étaient certainement aussi élevés que ceux que vous évoquez.

Mais ils étaient réservés à des pratiquants alors que les lecteurs de livres de spiritualité en tous genres sont plutôt des croyants sans appartenance ou des « chercheurs ».

En 1960 ces lecteurs auraient revendiqué une appartenance chrétienne. De tout temps des gens se sont intéressés au spirituel parce que cela fait partie de la nature humaine. Mais aujourd'hui on cherche souvent le spirituel ailleurs que dans l'Eglise car son caractère communautaire – les notions de Peuple, de Corps mystique sont profondément inscrites dans l'expérience chrétienne – lui confère inévitablement un côté institutionnel prégnant. L'Eglise a donc du mal, au même titre que les autres institutions sociales et religieuses, à s'adapter à la quête individuelle caractéristique de notre époque. De plus, beaucoup de nos contemporains, et les chrétiens eux-mêmes, sont imprégnés par une vision ambiante très matérialiste qui, d'une certaine manière, semble se suffire à elle-même. Le scientisme nous a marqués profondément et il laisse des traces si fortes qu'on les retrouve même dans les moyens de vivre la spiritualité, à travers l'art, la sexualité, les loisirs, l'automobile ou le saut à l'élastique !

Que voulez-vous dire ?

Même lorsque vous faites aujourd'hui une expérience dite spirituelle, le contexte matérialiste reste très présent. Excusez-moi de prendre cet exemple, mais regardez le statut actuel de la sexualité. Elle devient un moyen privilégié de dépasser l'enfermement matérialiste par la recherche d'un plaisir qui confine à l'extase, mais en même temps elle reste tributaire de la dimension matérielle car on y recherche moins la communion qu'une sortie de soi pour un plaisir toujours plus puissant auquel on ne veut donner aucune limite. Je constate le même phénomène en art. Je connais beaucoup d'artistes qui évoquent cette sortie de soi mystérieuse dont on fait l'expérience au sommet de l'expression artistique. On ne sait pas toujours très bien en définir les contours mais elle permet d'atteindre également une émotion supérieure qui a peut-être à voir avec la beauté mais qui cependant reste dans l'ordre de la matière. Pour l'artiste, il peut s'agir d'une expérience spirituelle, mais sans dimension divine si l'on peut dire.

Fréquence des expériences spirituelles

Je persiste à dire que chez un certain nombre de jeunes il y a une sensibilité plus ouverte qu'il y a vingt ans à l'appel d'un ailleurs, à autre chose que du matérialisme, à une certaine transcendance. Bien sûr, qui dit croyance ou transcendance ne dit pas Jésus-Christ ou l'Eglise... Cependant il me semble que l'Eglise n'est peut-être plus tout à fait aussi disqualifiée qu'hier à leurs yeux. J'ai été frappée aux JMJ de Paris en 1997 d'entendre des jeunes déclarer que la religion ne les intéressait pas mais qu'ils étaient fascinés par le pape Jean-Paul II qui avait une parole pour les jeunes, les comprenait et était le seul à leur proposer un idéal. Les jeunes qui viennent à vos week-ends au monastère ne sont-ils pas la preuve de cette ouverture ?

Incontestablement les jeunes qui viennent à ces week-ends cherchent quelque chose, mais leur recherche est très variée. Certains ont une expérience de la vie de l'Eglise qu'ils souhaitent approfondir, d'autres cherchent à y voir clair dans des problèmes personnels liés à leur milieu social ou familial ou à leur expérience professionnelle, d'autres cherchent à sortir de leur solitude, et d'autres sont confrontés à des questions majeures autour de leur identité. Il faut prendre en compte les jeunes qui se rapprochent de l'Eglise, mais sans oublier ceux qui ne sont pas dans le circuit et attendent d'autres types de réponse.

De fait, les expériences spirituelles sont nombreuses. Depuis une vingtaine d'années, j'en ai recueilli les confidences dans toutes les religions et sagesses mais aussi chez des agnostiques. Ces expériences peuvent être déclenchées par un sentiment cosmique, un amour fort ou par la confrontation à la mort. Elles peuvent se manifester par une illumination, une vision, une chaleur inexpliquée du cœur, un sentiment d'amour universel... Il est bien évident qu'une expérience spirituelle ou mystique n'est pas a priori une expérience chrétienne ; elle n'est même pas forcément reliée à une transcendance. Une question s'impose alors : d'où vient-elle ?

Si l'on en croit Jung, qui est aujourd'hui une référence pour la plupart de ceux que l'expérience spirituelle intéresse, elle vient du fond du Soi. Dans ce cas-là, elle ne comporte pas cette dimension d'altérité, de rencontre avec l'Autre, qui caractérise l'expérience chrétienne. Cependant, quand saint Augustin dit : « Dieu était là et je ne le savais pas », ne fait-il pas le constat que Dieu était caché au fond de lui ? Dans ces conditions, l'expérience chrétienne de Dieu suppose-t-elle nécessairement une altérité ?

Il me semble difficile d'envisager une expérience spirituelle en dehors de toute altérité. Cependant l'homme a deux manières d'évoquer cette expérience, soit comme quelque chose de très élevé, qui le dépasse, soit comme quelque chose de très profond, à l'intime de soi. Mais que l'expérience se situe à l'intérieur de soi ou au-delà de soi, il y a malgré tout une rencontre. De la rencontre très intime je dirai pour une part qu'elle fait partie de notre nature humaine, dans la mesure où je crois que les hommes sont tous issus d'une réalité spirituelle éternelle.

Où est la source de l'expérience spirituelle ?

A la limite, le chrétien peut-il se retrouver dans la démarche jungienne ?

Avec ce petit bémol que Jung ne se situe pas dans le cadre d'une expérience proprement chrétienne. Ce qu'il appelle le Soi est une réalité éternelle sans visage. Je ne nie pas qu'il puisse y avoir une expérience spirituelle, très profonde en soi ou au-delà de soi, ne comportant pas l'expression d'une rencontre, mais vécue dans la seule recherche de soi dans le Soi. Henri Le Saux avait fait cette expérience spirituelle si bien exprimée par Ramana Maharshi. Penser ou éprouver « Je suis le Soi » se suffit alors à soi-même et ne nécessite pas de médiation quelconque ou de découverte de l'autre.

Mais comme disciple du Christ, cela ne peut me satisfaire. Il y a toujours une altérité ; nous sommes deux, plusieurs, différents, appelés à devenir un, tout en restant différents, jusque dans l'éternité. On peut certes tenter de suivre la voie d'Henri Le Saux en vivant l'altérité sans dualité, mais on s'avance sur des terrains délicats, car dans la pensée occidentale deux ne font pas un. Dans certains courants de la pensée extrême-orientale, au contraire, l'autre n'existe pas comme une réalité en soi. Il est une réalité par laquelle les choses passent, et son unicité n'est pas à l'ordre du jour sinon dans le monde des apparences. Nous sommes en présence de deux héritages philosophiques bien différents l'un de l'autre. Deux mondes qui se côtoient sans pouvoir se retrouver pour l'instant car ils ne parlent pas la même langue. Cela ne signifie pas que l'on doive abandonner le dialogue car l'enjeu est énorme, d'autant plus que nous vivons dans une culture mondialisée qui rend inévitable cette confrontation.

Maurice Zundel, tellement apprécié par tous les chercheurs spirituels, chrétiens ou non, n'était-il pas dans ce registre, lui qui disait que Dieu s'est fait homme pour éveiller en l'homme la divinité ? Il écrivait : « Où est le vrai Dieu ? Il est en nous. C'est là seulement que nous pouvons le trouver. » N'est-ce pas audacieux ?

Le chrétien peut dire cela pour exprimer une communion très intime avec la Réalité divine par le Christ, mais l'expression rationnelle d'une telle réalité n'est pas suffisante, bien que nécessaire ; nous sommes aussi invités à la communiquer sur le mode du partage fraternel dans l'ordre d'une vérité qui nous dépasse infiniment, et dans laquelle nous ne finissons jamais d'entrer.

Dans un rapport récent du Conseil pontifical pour la culture sur la non-croyance, il y a ce conseil inattendu : il nous faut affronter la « sécularisation des croyants et des religiosités du moi ».

Oui, il est important de souligner cette confrontation. Il ne s'agit pas obligatoirement de se battre mais de s'interroger plutôt et de s'éclairer mutuellement. La notion de « moi » est assez complexe. Je pense qu'une recherche spirituelle peut très bien partir du moi s'il est considéré comme un lieu de rencontre, d'émergence de l'Autre. Par contre, ce n'est guère possible si l'on pense cette dimension comme une autosuffisance, car elle rend impossible l'expérience religieuse chrétienne et donc encourage précisément la sécularisation du rapport spirituel au moi, sans aucun rapport à quelque transcendance que ce soit.

En quête de guérison

Les attentes spirituelles de nos contemporains prennent souvent la couleur d'une quête de bien-être, de guérison même. Ils n'ont sans doute pas tort de penser que la spiritualité peut leur apporter quelque chose dans ce domaine. Je suis frappée par la remarque de plusieurs psychothérapeutes, y compris agnostiques, qui constatent dans leur pratique, à l'instar de Martine Lequeux, qu'« il y a des maux qui ne sont pas du ressort de la thérapie mais du ressort d'un guide spirituel ». Dans notre système dominé par l'économie et le matérialisme, des gens étouffent et sombrent parce que leur part de spirituel n'est pas honorée. A votre avis, les maux engendrés par la crise actuelle sont-ils du domaine de la psychanalyse ou de l'accompagnement spirituel ?

Les deux sont complémentaires. La psychanalyse a pour rôle de considérer la personne en tant que telle sans faire intervenir la dimension spirituelle ou religieuse. Inversement, en tant qu'accompagnateurs spirituels, nous n'avons pas à régler des problèmes d'ordre psychologique mais à aider les personnes à se situer au niveau d'une autre réalité, de la Réalité, qui peut leur faire vivre autrement les choses, y compris les plus difficiles. Parfois il sera nécessaire de faire intervenir le « psy », mais il y a beaucoup de situations où la prise en compte de cette Réalité divine dans laquelle nous sommes inscrits, en laquelle nous existons, permet de vivre les étapes de notre vie pour aller jusqu'où nous devons aller et ne nécessite pas obligatoirement un travail de thérapie.

Le psychologue ou le psychanalyste, tout comme l'accompagnateur spirituel, sont concernés par tous ces mouvements qui habitent notre mémoire, notre imagination, notre cœur, notre intelligence. Mais ils les abordent différemment. Saint Benoît, dans sa Règle, parle des pensées, des affects, des mouvements même corporels qui tournent à l'intérieur de nous-mêmes et qui nécessitent une verbalisation pour être en quelque sorte objectivés et triés afin que la personne n'en soit plus esclave. Pour lui, l'ouverture du cœur – la simplicité, l'humilité de pouvoir dire à quelqu'un ce que l'on sent de positif en nous et ce qui nous rend encore esclave de nous-mêmes – est une des étapes nécessaires à l'avancée spirituelle. Il met ces mouvements ou ces pensées et affects qui nous traversent en rapport avec la personne du Christ qui n'a rien retenu pour lui-même durant son existence terrestre. Cela signifie qu'il nous faut laisser glisser ces pensées et ces mouvements, ne pas nous crisper dessus. Dans le *Notre Père* il y a cette demande : « Pardonne-nous nos offenses comme nous pardonnons aussi à ceux qui nous ont offensés. » On peut traduire littéralement : « Laisse couler nos dettes comme nous les laissons nous-mêmes couler à ceux qui nous doivent. » Quelles sont nos dettes ? Ce ne sont pas des dettes matérielles, mais toutes ces zones d'angoisse qui bloquent la circulation des uns vers les autres et vers Dieu. L'ouverture du cœur consiste à laisser couler ces dettes-là. « Laisser couler » traduit le verbe grec *aphiemi* qui évoque au sens premier la sortie des humeurs du corps ; il faut laisser couler les humeurs pour que le corps puisse respirer, vivre. Laisse couler nos dettes comme nous-mêmes les laissons couler pour ceux qui nous doivent. Dettes d'angoisse, d'injustice, de colère, de non-amour. Il ne faudrait pas trop spécifier ces dettes d'ailleurs car on serait vite tenté de faire de la morale, alors qu'il s'agit ici d'une dynamique qui relève du spirituel. L'ouverture du cœur a incontestablement une action guérissante.

Le thème de la guérison est un exemple de choix pour illustrer la difficulté pour l'Eglise de répondre aux aspirations de notre époque sans trahir le message chrétien. Comment parler de la guérison sans faire de Jésus un guérisseur ?

Ce qui est caractéristique dans l'attitude de Jésus, c'est que tous ses gestes de guérison sont présentés comme des gestes signifiants, qui portent un témoignage théologique. Ce ne sont pas des guérisons spectacles. Elles comportent toujours une profondeur, un discernement et un témoignage. Le don de guérison est donné aux apôtres pour leur apostolat : cela reste valable aujourd'hui. Et des guérisons, il y en a ! Interrogez les accompagnateurs spirituels, interrogez les prêtres : ils sont témoins d'événements bouleversants au cœur des entretiens et du sacrement de réconciliation. Après de telles expériences, bien des personnes ne voient plus les choses de la même manière, elles renaissent.

Au point que certaines vivent une vraie guérison physique !

Quand il y a une guérison spirituelle, il se produit quelque chose qui rejaillit sur l'ensemble de la personne, y compris parfois dans la dimension corporelle. Mais il y a deux difficultés. La première est de reconnaître qu'il y a guérison. Souvent on passe vite là-dessus parce que ce n'est pas un sujet sur lequel notre raison aime à discourir. La seconde est de reconnaître que la guérison fait signe d'une réalité non visible. Il faudrait inscrire le phénomène de la guérison dans une dynamique théologique. Certaines personnes guéries à Lourdes, par exemple, le font très bien. C'est de Dieu qu'elles ont à témoigner à travers leur expérience de guérison..

Mais aujourd'hui, cette question de la guérison n'est pas très claire dans l'Eglise. Jésus demande à ses apôtres de guérir les malades ; qu'est-ce que cela veut dire ? Il faudrait éclairer cette question sans trop la laisser à des initiatives marginales. Si réellement l'Eglise est appelée à vivre et faire vivre des signes de guérison, ne serait-ce que par le biais du sacrement des malades, il serait intéressant de proposer une réflexion officielle sur ce sujet avec des repères et des références qui permettent de ne pas trop s'égarer dans le subjectif ou le merveilleux.

Ecouter et accompagner

L'Eglise du 21e siècle ne pourrait-elle pas s'inspirer de l'attitude de dialogue des Pères de l'Eglise avec les spiritualités gnostiques de leur époque ? Clément d'Alexandrie participait avec liberté aux débats des philosophes gnostiques.

Je crois vraiment que toute recherche humaine authentique mérite d'être considérée, mais aussi discutée. Il y a incontestablement dans l'expérience chrétienne une dimension gnostique, au bon sens du terme, celui d'une connaissance spirituelle. Clément d'Alexandrie et l'Ecole d'Alexandrie en général proposent d'ailleurs cette gnose antérieure à la gnose des courants hétérodoxes. On peut trouver cette doctrine par exemple dans le grand ouvrage inachevé de Clément, les *Stromates* (les *Tapisseries*), où il aborde deux thèmes qui lui sont chers : les rapports entre le christianisme et la philosophie grecque et justement la description de la vie parfaite qui donne le portrait du gnostique accompli, autrement dit du croyant parvenu à la perfection par l'union à Dieu. Origène reprendra et développera cet enseignement jusqu'à donner sa véritable stature à la théologie chrétienne, selon l'expression du théologien Hans Urs von Balthasar.

Expliquez-nous la différence entre gnose chrétienne et gnose hérétique.

Le mot « gnose » suppose une révélation de Dieu, avec un aspect prépondérant de connaissance mystique. L'évangéliste et théologien Jean est un gnostique à sa manière. Pour la gnose chrétienne, la connaissance de Dieu passe par Jésus-Christ, dans le mouvement trinitaire. Les gnostiques non chrétiens, pour leur part, récusent cette médiation du Christ ou la réduisent. Ils recherchent une confrontation directe, sans médiation, au Dieu invisible, au Dieu unique et à son contre-principe le démiurge, le dieu du mal, dans un combat qui se livre bien au-dessus de nos têtes et dans lequel nous nous trouvons en quelque sorte entraînés de toutes parts. Dans ce courant, la perception du mal diffère de celle que propose le christianisme, puisque chez les gnostiques le mal a autant de droit sur nous que Dieu d'une certaine manière.

Il s'agit pour ces gnostiques non chrétiens d'échapper à toutes les contingences pour retrouver le monde des esprits qui, lui, peut prétendre à une véritable communion avec le principe du bien. Cela donne une perspective très négative sur le corps, qui peut se traduire par deux attitudes opposées : ou bien on ne tient plus compte du corps et on se livre à des pratiques de débauche incontrôlée, ou bien au contraire on s'engage dans une ascèse excessive. Il s'agit là d'une anthropologie très spiritualiste qui n'est pas du tout celle de la gnose chrétienne. Ces restrictions ne m'empêchent pas de penser qu'il y a à l'intérieur de cette recherche spiritualiste des intuitions intéressantes qui méritent d'être entendues et discutées, voire reçues.

L'Evangile de Jean n'est-il pas un pont pour le dialogue avec ceux qui sont dans la voie gnostique ou encore bouddhiste, car ces personnes sont séduites par des notions très présentes chez Jean : Voie, Lumière, Vérité et Vie ?

Un pont, oui, mais à condition d'en discuter ensemble l'interprétation, sinon on peut faire dire à l'Evangile de saint Jean tout ce que l'on veut. On peut très bien évacuer tout ce qui concerne la Passion et ne tenir compte que du Prologue ! On récupère l'enseignement de cet Evangile à son propre compte, mais l'on passe à côté de la vraie théologie de saint Jean. Il y a des chapitres que les gnostiques ne liront jamais, comme le chapitre 8 qui évoque la confrontation avec les juifs et traite du problème de la non-reconnaissance du Christ encouragée par le père du mensonge. Les gnostiques n'aiment pas ce chapitre 8 car il oblige trop à considérer les choses dans leur acuité immédiate, même si c'est dans ce chapitre que l'on trouve une affirmation à laquelle ils aiment se référer : « Avant qu'Abraham fût, je suis. » Les gnostiques mettent sur le même pied le « Je suis » de l'Exode et le « Je suis » du Christ, et ils prétendent que nous sommes nous-mêmes « Je suis ». Mais les gnostiques non chrétiens oublient que cette expression se trouve dans le contexte d'un grand débat avec les juifs ; ce débat-là ne les intéresse pas du tout puisqu'ils veulent échapper aux contingences historiques du développement de la pensée théologique.

Sans les récupérer, quels chemins l'Eglise peut-elle proposer aux personnes qui font des expériences spirituelles diverses, parfois marquées par le matérialisme, et qui souhaitent faire un pas vers une transcendance et vers une communauté ?

L'accompagnement personnel, pour lequel l'Eglise a une longue tradition, est certainement un moyen approprié, de même que l'expérience chaleureuse de la vie communautaire. Que ce soit avec des hôtes de passage au monastère ou avec des artistes, lorsqu'on arrive à se rejoindre sur ce terrain de « révélation », au-delà de ce que l'on peut appréhender par nos seules capacités, un pas immense a été franchi. Le chrétien pourra éventuellement nommer cette expérience comme étant une rencontre du Christ. Il ne s'agit pas de plaquer artificiellement cette expérience dans notre conscience mais de la vivre comme étant pour nous une réelle présence du Christ transfiguré. Et le bouleversement qui advient à ce moment-là est extraordinaire. Il se passe quelque chose qui n'est pas de l'ordre de la conviction, de l'énoncé intellectuel, mais plutôt de l'événement, de l'avènement.

Lors d'un week-end de travail sur la place des arts dans la vie sociale et personnelle, j'avais invité une soprano. Elle nous a dit à plusieurs reprises : « Vous mettez trop le

Christ à toutes les sauces ; l'expérience que l'on fait en art est une expérience très naturelle, qui nous permet de nous dépasser mais qui reste naturelle. » Cependant, à la fin du week-end elle nous a confié : « J'accepte de me laisser un peu déranger dans mes positions, il y a des choses qui m'ont touchée dans ce qui a été partagé ; je ne peux le nier. »

Je crois que ce que nous avons de mieux à donner pour accompagner les gens sur ce chemin d'interrogation de l'expérience spirituelle est de l'ordre du témoignage très enraciné, inscrit à la fois dans une expérience personnelle et dans une expérience de communauté. Il nous faut entendre et accueillir les questions de chacun et en même temps partager quelque chose de notre foi, de notre lien avec la personne du Christ. Dans ce témoignage il me paraît indispensable que notre rapport aussi bien individuel que communautaire à la personne du Christ apparaisse comme quelque chose de vivant, de tangible, de presque palpable. Nous ne sommes pas des membres adhérents de l'association Eglise mais des disciples du Christ. En tant que disciples du Christ nous sommes en relation avec Lui. Nous n'avons besoin ni de visions ni de voix, nous avons l'expérience de la prière, des frères, des sacrements où l'on reçoit sa présence, à Lui, le Vivant. Mais ce chemin spirituel est difficile à vivre, c'est un chemin de dépouillement qui nous oblige à quitter les voies de l'efficacité immédiate.

On se demande parfois si l'Eglise est prête à accueillir, à entendre et à accompagner des personnes qui ont fait des expériences spirituelles sensibles. On dit souvent que la plupart des prêtres n'y sont pas préparés.

Je peux attester que des prêtres de tous âges et de tous styles ont une expérience spirituelle impressionnante sans pour autant que cet aspect de la foi soit pour tous une de leurs priorités pastorales. Il est clair que si l'on n'est pas attentif aux questions proprement spirituelles, on passe à côté de quelque chose de très important dans la société contemporaine. La priorité pour les chrétiens n'est pas aujourd'hui de traiter uniquement les problèmes sociaux par la seule réflexion d'ordre intellectuel, quoi qu'il en soit aujourd'hui des injustices mondiales graves qu'il faudra arriver à résorber et auxquelles l'Eglise ne peut rester indifférente. Notre priorité est d'aller à la racine du mal, et l'on touchera ces racines dans la mesure où l'on sera attentif aux expériences spirituelles. Car ce sont les expériences spirituelles qui seront les véritables moteurs vers la justice, vers la vérité, vers l'amour.

Le déplacement de la quête spirituelle ne doit-il pas entraîner un déplacement de la réponse ? Elle ne peut plus être sèchement institutionnelle.

Sinon c'est la mort. Mais nous sommes peut-être bien attendus dans l'expérience de la mort ! Si nous avons l'illusion de penser que tout ce que nous avons mis en place à une époque donnée est la réponse absolue à toutes les questions d'aujourd'hui, nous sommes dans l'erreur. Il n'y a de réponse possible que le Christ, et le Christ, c'est le Christ, ce n'est pas nous ! Nous sommes dans le Christ mais nous ne sommes pas le Verbe ! Nous ne parlons pas à la place du Christ. Lui peut parler par nous mais nous n'avons pas à enfermer sa Parole dans des cadres temporaires, fussent-ils ceux de l'institution ecclésiale. Nous parlons souvent de déroute effrayante de l'Eglise, mais qu'est-ce que cela veut dire ? Il faut prendre du recul par rapport aux statistiques, d'autant plus que le rôle de l'Eglise est avant tout sacramentel. Elle doit être signe mais elle n'a pas à faire entrer toute l'humanité dans ses rangs. Si toute l'humanité est appelée à devenir chrétienne dans le Christ, c'est au-delà du temps et de l'espace. Ce qui ne nous dispense pas d'annoncer et de proposer le plus largement possible cette Bonne Nouvelle qui nous habite afin que le signe soit le plus parlant possible et que le plus grand nombre goûte déjà le bonheur de vivre en Dieu.

Pour une pastorale de la vie spirituelle

Dans un chapitre antérieur, vous avez fait allusion à la nécessité d'une pastorale de la vie spirituelle. Qu'entendez-vous exactement par là ?

Qu'une priorité pastorale soit accordée à tout ce qui touche à la vie de l'Esprit aussi bien pour les personnes que pour les communautés. Face à la demande actuelle en matière spirituelle, dans laquelle l'individu a une place considérable et où la liberté de choix par rapport aux institutions devient totale, il nous faut puiser dans notre propre tradition. Nous avons de grandes richesses en matière d'expérience de communion avec Dieu, dans l'Esprit Saint, par le Christ. Nous sommes héritiers d'un véritable trésor, depuis les Pères de l'Eglise et beaucoup d'autres auteurs jusqu'à nos jours. Ce patrimoine est d'une richesse inouïe et il y en a pour tous les goûts. Nous sommes sollicités pour rendre un témoignage qui ne soit pas seulement dogmatique ou moral mais plutôt de l'ordre d'un être-au-monde avec et dans le Christ. Cet être-au-monde dans le Christ passe par un approfondissement de notre relation à Dieu, au Christ, de telle manière qu'elle puisse être partagée et transmise en vérité. On parle beaucoup de la difficulté de la transmission aujourd'hui. Il est important de prendre conscience que la transmission ne peut se faire que par des personnes profondément habitées d'une manière authentique, réfléchie, assimilée. Une pastorale de la vie spirituelle recouvre en priorité le champ catéchétique, le champ liturgique, mais aussi tous les lieux où s'exprime la vie fraternelle. Une Eglise tout entière engagée dans un tel approfondissement de la vie avec le Christ pourrait poursuivre des engagements multiples sans même en faire la théorie, car elle serait irriguée par une expérience spirituelle où elle pourrait rejoindre le constant inédit de la folie de la Croix et de la Résurrection.

Pour une paroisse, comment cette pastorale pourrait-elle se traduire concrètement ?

Accepter de passer du temps pour introduire les croyants dans une expérience du mystère de Dieu, soit par des liturgies en consonance profonde avec les mystères célébrés, soit par l'écoute de témoins qui ont assez d'expérience du Christ pour en attester de manière percutante. La présence proche d'un monastère, d'une communauté religieuse peut y aider. Quand il y a un carmel dans un diocèse, ce carmel devrait être une pièce maîtresse de la diffusion de la vie en Christ au bénéfice de tous. L'ouvrage de l'orthodoxe Nicolas Cabasilas intitulé *La vie en Christ* est en fait un modèle pastoral à partir du commentaire de la liturgie. C'est ce type d'intervention qui serait utile. Je le constate dans le diocèse de Poitiers : les trois week-ends sur « L'aventure spirituelle » avec les jeunes, ou les « Haltes spirituelles » proposées par le Service diocésain de la vie spirituelle sont des propositions pastorales qui répondent à une vraie attente.

Il ne s'agit pas pour autant de s'enfermer dans des cocons spirituels. Avec les jeunes qui ont suivi le cycle de l'an dernier, nous avons pris soin d'établir des relais dans le diocèse tout au long de l'année. Par ailleurs, on demande aux participants de ne pas revenir deux années à la suite. Chaque année on ouvre ces week-ends en lançant l'information plus spécialement sur un diocèse différent, charge à lui de faire un peu de publicité dans les Foyers de jeunes travailleurs et sur le campus universitaire. Nous souhaitons toucher des jeunes qui habituellement se sentent un peu loin de l'Eglise.

Il me semble que plusieurs diocèses commencent à accorder une place prioritaire à l'écoute communautaire de la Parole de Dieu. A ce propos j'ai entendu au congrès international de la communauté nouvelle Fondacio, en novembre 2004 au Chili, le témoignage de Mgr Saint Gelais, un évêque du Québec. Arrivé dans son diocèse il se demandait comment renouveler la vie des communautés paroissiales. Il y avait deux voies, disait-il : amorcer de grands débats ou se mettre tous ensemble à l'écoute de la Parole. C'est la deuxième hypothèse qui fut adoptée. A commencer par l'évêque et son conseil qui, tous les vendredis, passaient une heure devant le Saint Sacrement. « Pendant un an, raconte l'évêque, nous nous sommes mis à prier l'Evangile. Dans un premier temps cela a été un choc pour les prêtres qui voulaient réorganiser, mais les laïcs ont été tout de suite enthousiastes. » L'année suivante fut consacrée à retenir « douze rêves », recueillis ensuite par l'évêque au cours de visites pastorales. Il en est ressorti un projet d'évangélisation, fondé sur quatre certitudes : l'importance de la Parole de Dieu, la nécessité de se rendre disponible à l'Esprit, de donner la parole aux gens, de faire une Eglise plus communautaire et attentive aux personnes.

Je suis très sensible au fait qu'un évêque ou des prêtres aient le souci que quelque chose de la prière et de l'écoute de la Parole de Dieu soit goûté par les fidèles, en des lieux et des temps déterminés. La prière des heures, par exemple, est un excellent moyen d'expérience spirituelle. Regardez les frères et sœurs des Fraternités monastiques de Jérusalem. N'est-ce pas merveilleux ? Ils sont simplement là, ils prient à heures fixes et nombreux sont ceux qui viennent prier avec eux. Ce ne sont pas des personnes qui démissionnent de leurs engagements actifs, ce sont des gens qui viennent puiser à une source. Voilà un type d'expérience pastorale précieux.

Il me semblerait intéressant que les diocèses réfléchissent à des manières nouvelles de mettre cette prière des heures à la portée de tous en des lieux bien repérables, à commencer par les radios diocésaines où l'on pourrait diffuser l'ensemble des offices du jour comme de la nuit, ce qui se fait déjà en partie. Il y aurait un partage ecclésial de la prière qui structure l'Eglise, pas seulement dans le sacrement de l'eucharistie. Il serait bon d'innover également en matière de présence des chrétiens dans certains lieux publics dans une grande proximité de tous. Ce qui serait dangereux, c'est d'avoir une politique ecclésiale systématique qui exploite « ce qui fonctionne » et laisse tomber « ce qui ne marche plus » ! Ce n'est pas la forme qui importe d'abord mais la capacité d'aller à l'essentiel. Pour ce qui est de l'institution de l'Eglise, il est vrai que les responsables sont dans des positions difficiles car ils ont à gérer des héritages humains et spirituels auxquels tout le monde se réfère, tout en écoutant des appels qui parfois les entraînent sur d'autres voies. C'est souvent le grand écart ! Et les prêtres sont dans des situations de fatigue et de doute parce qu'ils ne savent plus très bien quelle est leur place dans ce nouveau contexte. Ils continuent de faire ce pour quoi ils sont nommés, mais ils sentent bien qu'il faudrait aussi toucher les gens autrement.

CHAPITRE 11

L'expérience spirituelle chrétienne

Nous avons évoqué la nécessaire présence de l'Eglise dans la quête spirituelle contemporaine, et la part importante que les monastères pouvaient y apporter. Il est temps d'entrer plus avant, à la lumière de votre propre expérience, dans la spécificité de la vie spirituelle chrétienne et de ce qui en est vécu dans un monastère. Ma première question portera sur ce que voit le visiteur qui arrive au monastère, c'est-à-dire vos offices. Ils semblent a priori bien éloignés des aspirations spirituelles contemporaines. Franchement, ces prières répétitives, très structurées, avec leur côté un peu rude et des psaumes parfois choquants, font-elles réellement progresser les moines dans la présence de Dieu ?

Je peux en tout cas vous affirmer que ces offices nous font progresser dans le sens de l'accueil de la présence de Dieu. D'abord leur régularité, à des heures précises, est un bien inestimable. Sans cela je ne sais pas ce qu'il adviendrait du moine. Chacun est vraiment tenu à être présent à ces moments forts de recentrement. Les offices sont une convocation à aller chercher autre chose que soi-même, tous ensemble et dans un registre commun. On se décentre, on arrête tout pour se rendre ailleurs, et ce rendez-vous fait de chacun de nous quelqu'un d'autre. Il nous aide à répondre à l'appel essentiel, il nous relance. C'est extrêmement précieux....

Il arrive que nous entrions à l'office en mauvaise forme, agacé par un problème ou par je ne sais quoi. Et puis la psalmodie se met en marche, comme une espèce de machine bien huilée, et le cœur se dispose à autre chose. La psalmodie joue le rôle d'un massage spirituel. Dans d'autres communautés, on chante les psaumes par strophes, en tenant compte de leur genre littéraire, en cherchant la variété. A Ligugé, nous avons gardé le mode très ancien de la simple alternance par verset. Excepté le refrain, chaque psaume est traité de la même manière, dans un mouvement de balancier d'un verset sur l'autre, en une sorte de rythme incantatoire. On nous a souvent dit que notre psalmodie faisait penser à une traversée en mer : en effet outre le fait que les stalles disposées face à face soulignent la ressemblance avec la nef d'un navire, nous alternons le chant des psaumes d'un chœur à l'autre, et cela provoque comme une sensation de roulis. Ce massage spirituel se fait à partir de la riche matière qui nous est offerte dans la Parole de Dieu. Et on sort de l'office meilleur qu'on y est entré.

Le silence et les autres

Vous qui avez fréquenté Taizé, les longues heures de méditation dans un silence profond ne vous manquent-elles pas ?

J'ai beaucoup fréquenté et aimé Taizé quand j'étais jeune, mais je n'ai pas eu le désir d'y entrer. J'avoue cependant que, lorsque je suis arrivé à Ligugé, ma surprise a été grande en constatant la différence du rapport à la spiritualité. A Taizé, j'avais connu un silence feutré, un climat de méditation qui, d'ailleurs, s'est diffusé maintenant en beaucoup d'autres lieux. A Ligugé, le rapport au silence était tout autre : c'était un silence du quotidien sans affectation ni recherche. Cependant, dans ce climat très naturel et très spontané, il arrivait que les moines ne prêtent guère attention aux détails : une porte refermée bruyamment ou des bruits de pas peu discrets dans l'église. C'était très perturbant pour moi. Un jour j'en ai parlé au père abbé qui m'a répondu : « Je pense que certains moines ont atteint un niveau de vie spirituelle qui leur permet de dépasser toutes ces contingences. »

Je crois qu'il est important de tenir compte du besoin de recueillement et de silence dans les mentalités religieuses de notre temps, sans pour autant limiter la perspective spirituelle à la satisfaction de cette seule dimension. Ce silence doit être habité et, s'il est juste, il favorise la rencontre fraternelle.

Vous mentionnez souvent cette expérience de la rencontre. Quand vous m'avez dit un jour que vous rencontriez le Christ dans les autres autant que dans la prière et dans l'eucharistie, je vous avoue que vous m'avez étonnée...

Ce n'est pas une boutade. Quand je parle de rencontre, je parle d'une réalité qui dépasse le simple fait d'être là et de se parler. La rencontre dépasse infiniment l'immédiateté de la relation. C'est l'expérience – qui n'est pas de l'ordre de l'intellect ou de l'affect – de se reconnaître comme membres d'un même Corps. L'autre est du même Corps que moi ; je peux donc vivre avec lui quelque chose qui se réfère à l'appartenance intime. Il y a là une réalité qui ne vient pas que de moi et c'est bien ce qui en fait tout son prix ! De moi-même, je suis incapable d'aller vers l'autre comme vers un membre de moi-même.

Quel que soit le lieu, pour bien entrer dans la prière, il faut avoir des eaux calmes à l'intérieur. Comment faites-vous, vous qui résonnez à tant de personnes et d'événements, et qui êtes tellement passionné par la vie, pour gérer votre sensibilité ? Ne parasite-t-elle pas votre prière ?

Par rapport à toutes les confidences que je reçois, à toutes les personnes que je rencontre, à toutes les situations et les décisions auxquelles je dois faire face, la prière est plutôt un excellent moyen de réguler ce qui s'impose comme une réaction trop passionnée et trop immédiate. La prière permet d'être vraiment soi-même. Si j'ai un vrai désir de prière, je serai d'autant plus moi-même dans le courant ordinaire de la vie. L'art de prier n'est pas l'apanage des personnes passives ou insensibles.

Le doute et la nuit

Vous arrive-t-il de vous mettre en colère contre Dieu comme dans les psaumes ?

Il m'est bien souvent arrivé d'exprimer à Dieu mon désarroi, ma tristesse et de remettre devant Lui le trouble qui m'habitait, mais je dois reconnaître que la tentation de la colère n'est pas très forte chez moi, que ce soit vis-à-vis de Dieu ou des hommes. Je ne me mets pas en colère contre Dieu. Je me contente de porter avec le psalmiste les cris que d'autres peuvent pousser pour mettre devant Lui la colère qui les habite afin d'en être libérés.

Dans la vie de prière du moine il doit bien y avoir des moments de doute.

C'est un passage obligé, mais il y a doute et doute. Il y a le doute qui concerne nos sentiments et notre raison. Notre intelligence doute, notre cœur doute. On est inévitablement confronté un jour ou l'autre à quelque chose qui discute avec notre esprit et avec notre cœur. Un être normalement constitué, qui vit au cœur des réalités terrestres, ne va pas toujours s'en remettre spontanément à une croyance qu'il a reçue d'un autre. Il y a des moments où cela coince, même quand on est très croyant. Mes propos choqueront peut-être certains chrétiens, mais pour ma part je crois que le doute est inévitable. Je dirais même que c'est un exercice salutaire que d'y être confronté pour aller plus loin.

Un moine ne peut tout de même pas douter de l'existence de Dieu !

Cela est tout à fait possible. Rappelez-vous combien Thérèse de Lisieux a été éprouvée dans ce domaine. Et si après il n'y avait rien ? A vrai dire, le mystère est d'actualité en permanence. Il est bon d'accepter d'entrer toujours plus avant dans cette dimension non maîtrisable de notre existence. La foi est un don permanent, il se trouve que nous sommes plus ou moins prêts à l'accueillir. Inévitablement, il y a pour tous des circonstances où cet accueil devient moins facile et où le oui de la foi se fait de nuit, pour parler comme saint Jean de la Croix.

S'il n'y a rien de l'autre côté, ces moments intenses que vous avez éprouvés dans l'amitié, dans la relation, et j'imagine parfois dans la prière avec Dieu, ne seraient qu'illusion ?

J'ai beaucoup de mal à croire que tout cela ne soit qu'illusion. Mais notre intelligence et notre sensibilité restent avec ces questions. Il y a même des moments où la nécessité d'un Dieu n'est plus probante. C'est là que le doute peut apparaître malgré l'intensité de l'expérience. En tout cas, ce dont je voudrais témoigner très fortement, c'est la réalité d'une rencontre du Christ. Pour moi c'est un point d'ancrage essentiel.

Le doute qui affecte l'intellect et les sentiments peut être une des phases préparatoires à l'abandon de soi. Ce que je conçois, ce que je sens et dont j'espère que cela touche à la vérité est appelé à ne plus être comme un point de référence absolu dans ma vie. Je suis appelé à mourir en Christ, et je dois mourir aussi à travers ce que je sens, à travers ce que je pense, à travers ce que je crois. Pour ressusciter.

N'est-ce pas quelque chose de cet ordre que Jean de la Croix exprimait dans cette superbe phrase : « Je la connais la Source, elle coule, elle court, mais c'est de nuit » ? Peut-on être dans la nuit, tout en sachant que la Source est toujours là, qui coule ?

Il y a un phénomène mystérieux : même dans la plus grande dépression spirituelle, il y a tout au fond de soi quelque chose que l'on ne sent pas mais qui est toujours là. On peut parfois percevoir, même dans la nuit la plus noire, que tout n'a pas disparu et l'on peut s'appuyer sur cette infime perception. Lorsque l'on a fait cette expérience une fois, on peut vivre sur son acquis, même quand toute perception, si ténue soit-elle, a disparu. La foi, qui est un don, subsiste. La foi est toujours donnée, elle est toujours là ; c'est nous qui ne sommes pas constamment en état de réception. Il y a des moments de la vie spirituelle où l'on peut vivre ce don de Dieu qu'est la foi sans rien percevoir, ni sentir, ni goûter, des moments où on est totalement dans une adhésion non pensée, non crue, dans une union qui confine au silence et qui rend cependant l'existence complètement autre. Ce n'est plus tout à fait seulement la mienne tout en étant complètement la mienne, mais vécue dans une communion avec une réalité infinie qui touche tous les hommes dans un même mouvement.

Vous voulez dire que la conscience des mouvements intérieurs disparaît ?

Ce qu'on pense être notre existence, ces mouvements intérieurs et ces pensées qui sont utiles à la vie, n'est que de passage. Notre corps terrestre qui est un élément nécessaire et beau, quelquefois lourd, n'est que de passage. C'est pourquoi il est intéressant de pouvoir vivre et son corps, et sa pensée, et son affect comme déjà dans la perspective de la Résurrection. Il y a bien sûr un passage extrêmement douloureux puisqu'en cette vie présente je suis accroché à mon moi, à ce que je sens, à ce que je pense, à ce que je crois être, à ce que je fais. Mais si j'arrive à percevoir que ma réalité immédiatement perceptible n'est pas suffisante et que je peux me disposer à accueillir une vérité infiniment plus large, alors bien des choses vont mourir sur lesquelles je ne pourrai plus m'appuyer. D'une certaine manière il faut passer par la mort.

Mourir jusque dans la prière et dans la relation à Dieu ?

A plus forte raison. Les moines orientaux disent que l'invocation du nom de Jésus suffit. Je trouve que c'est très beau. Au fond ils se mettent dans la peau des personnages de l'Evangile qui, sentant Jésus approcher, crient vers lui pour être sauvés : « Seigneur Jésus, aie pitié de moi. » Je crois qu'il y a là quelque chose de très précieux : notre esprit est invité à revenir à l'invocation première sans prêter attention ni aux pensées ni aux mouvements qui le traversent. Il s'agit donc de demeurer dans cette unique invocation jusqu'au moment où l'esprit est prêt à décrocher et à entrer dans un silence qui va au-delà de l'invocation. Ce silence est très mystérieux. Je ne sais pas pourquoi ce silence advient à un moment donné. C'est exactement le même mouvement que celui de l'endormissement. On sait que l'on va s'endormir mais on ne sait pas quand ni comment ; c'est vraiment très étonnant. Le corps et l'esprit acceptent néanmoins de verser dans le sommeil. Il en va un peu de même de la prière : le corps, l'esprit, l'intelligence, le cœur peuvent verser dans la prière, avec la confiance d'une union.

Chaque année, vous allez dans un autre monastère faire une retraite. Qu'y trouvez-vous de plus, alors que vous passez déjà la majeure partie de votre temps en prière ?

Ce qui m'intéresse le plus quand je suis en retraite personnelle, c'est d'essayer de toucher du doigt ce que peut être la prière continuelle. C'est très prétentieux de dire cela ! Il s'agit d'expérimenter une zone de tranquillité, de silence et d'essayer d'être en permanence dans une relation juste avec Dieu, dans une attention à sa présence, à son travail avec nous, à sa vie. Et cela, on ne peut pas le faire d'une manière aussi courante dans le monastère, tant il y a de tâches à assumer au jour le jour.

Sur quoi vous appuyez-vous pour essayer de vivre cette constante relation avec Dieu ?

C'est très simple. Quatre éléments me sont nécessaires : un rapport sérieux à la Parole de Dieu, une pratique de l'oraison un peu plus intense qu'à l'ordinaire et la liturgie ; et puis bien sûr une dimension fraternelle dans le partage du plus banal quotidien ainsi que dans le souvenir actif de tous ceux qui partagent avec moi la cordée de notre ascension. Etre absolument seul n'est pas tellement ma vocation, même si je comprends très bien que cela soit un appel adressé à certains.

Vous n'avez pas une vocation d'ermite.

Non, je ne crois pas. Les autres me parlent de Dieu, je ne vois pas pourquoi je m'en passerais. Faire ma retraite dans une communauté permet de recevoir, même sans parole, un témoignage de la présence de Dieu, de la charité. Ces quatre éléments suffisent ; il ne faut rien d'autre.

L'expérience chrétienne : tout un travail !

A partir de votre propre expérience et de celles dont vous êtes témoin dans l'accompagnement spirituel, qu'est-ce qui est spécifique de la vie spirituelle chrétienne ?

Cette expérience advient quand, après un travail, une méditation ou un partage qui lui ont ouvert l'âme au sens biblique du terme, un être humain accepte de se mettre en silence dans une position ouverte, et d'y rester disponible quelque temps avec une attention vers la fine pointe de l'âme. Alors advient au cœur de nous-mêmes quelque chose qui transforme notre conscience, qui modifie notre rapport à la réalité ; notre regard n'est plus le même. En ce cas on peut dire réellement qu'il y a expérience spirituelle.

Cela ne ressemble ni à l'expérience sensible de sainte Thérèse de Lisieux ni à l'expérience inattendue qui s'impose, qui fait basculer votre vie. Le type d'expérience que vous évoquez suppose plutôt un long travail.

On ne peut pas y couper. Thérèse de Lisieux n'a jamais eu d'expérience sensible de Dieu. Quand elle faisait oraison, elle regardait l'heure. L'expérience sensible peut mettre en marche mais elle ne dispense pas du travail. Notre nature humaine est un jardin à travailler. Dieu a pris la précaution de nous laisser inachevés afin que nous participions à notre devenir. Le travail dont il s'agit n'est pas un travail planifié pour arriver à l'idée que je me fais d'un certain accomplissement spirituel. C'est un travail simplement honnête par rapport à ce que nous sommes, à tous nos talents, toutes nos énergies, toutes les richesses que nous échangeons et que nous recevons de notre Créateur. Un travail qui cultive en nous la capacité de nous ouvrir au don de Dieu afin qu'Il puisse établir en nous sa demeure.

Mais reste la question : comment cela arrive-t-il ? Comment a lieu ce passage d'un travail à la communion ? Je suis incapable de l'analyser. Chaque fois que l'on peut expérimenter cela, on est toujours surpris de constater qu'il y a bien un moment où notre perception du réel bascule vers une dimension nouvelle. Ce que je ne comprends pas, c'est la manière dont s'opère le basculement. Je vous l'ai déjà dit : c'est la même chose que lorsque l'on s'endort : on passe à une autre perception des choses sans savoir comment cela s'opère. Quelle est cette « autre chose » ?

Ceux qui ont une expérience spirituelle un peu forte et prolongée disent qu'il y a une possibilité d'entrer alors en contemplation de la raison d'être profonde des créatures, au-delà de leur apparence naturelle. Ils vont même plus loin puisqu'ils disent que l'on peut prétendre à la contemplation de la Trinité. C'est-à-dire prétendre à l'union à Dieu dans la réalité de la chair. C'est fou ! Il y en a d'ailleurs qui sont devenus fous dans cette recherche car c'est un chemin où les illusions abondent. Si on cherche cela par ses propres forces, on peut non seulement ne jamais le trouver, mais en perdre la raison.

Cet état de prière entraîne une lucidité sur le monde présent et un réveil de la conscience dans les choses ordinaires. Cette expérience de prière est d'autant plus surprenante qu'elle peut exister en dehors même des moments de méditation personnelle, dans l'intensité de la liturgie comme aussi dans la vie courante. Mais lorsque l'on aspire à ce genre de chose on est menacé, on est comme empêché d'y accéder, par toutes sortes de mouvements intérieurs.

Qu'est-ce qui se met en travers pour vous empêcher d'accéder à l'expérience de ce que vous appelez la Réalité ?

Mille choses adviennent pour nous en détourner. Nous avons parlé du mal. Eh bien, je peux attester qu'à ces moments-là on le perçoit. C'est assez redoutable. Il y a des instants que l'on préférerait ne pas avoir à vivre, tellement ils sont douloureux. Il peut arriver que l'on se retrouve plusieurs jours dans des puits sans fond, sans par ailleurs qu'il y ait quelque signe de dépression. On ressort un jour à la lumière, mais quand vous êtes dans ces zones-là, l'espérance semble bien lointaine. Et en même temps on se demande s'il ne faut pas parfois vivre cela pour aller plus loin.

Silouane, ce grand moine de l'Athos dont l'expérience spirituelle fut très puissante, évoquait cette expérience par une affirmation impressionnante : « Tiens ton esprit en enfer, et ne désespère pas. » Evidemment, dans le cas de Silouane, la perspective est bien particulière ; rares sont ceux qui peuvent prétendre à une telle position. C'est une descente dans la profondeur extrême de l'humilité à la suite du Christ. Dans cette expérience, le spirituel rejoint intensément la vie du monde entier. Encore un trait de l'expérience spirituelle : elle est rarement liée au spectaculaire et elle est toujours appelée à se vivre dans la discrétion, c'est-à-dire dans un sain discernement. Je pense à quelque chose comme le don des larmes dont sainte Thérèse d'Avila était coutumière comme beaucoup d'autres saints. Les larmes lui venaient même en public, mais elle veillait à ne pas trop les manifester au regard des témoins.

J'imagine que ces larmes étaient très pures, très belles. Thérèse d'Avila était une maîtresse femme dont les larmes n'avaient rien à voir avec des jérémiades.

Il est bon de redire que dans la tradition chrétienne, nous avons tous les éléments pour vivre l'expérience spirituelle. C'est l'expérience personnelle d'une disposition intérieure.

Il y a tout de même des injustices. Certains ont la chance de vivre une expérience spirituelle sensible et d'autres restent dans une incroyable sécheresse. Une personne vous dira : « J'ai vécu une nuit d'extase et ma vision a changé, je ne vois plus le monde comme avant », et d'autres resteront dans l'aridité même s'ils font un travail intérieur.

Ce n'est pas parce que l'on n'éprouve rien que l'on n'a pas une expérience spirituelle. Il m'est arrivé d'entendre un moine me dire quand j'ai commencé ma fonction de père abbé : « Je tiens à vous le dire tout de suite, je suis dans l'incapacité de prier, de faire oraison. » C'était un grand intellectuel. Eh bien, cet homme était l'un de ceux, à mon avis, qui vivait une expérience spirituelle très haute et très précieuse pour notre communauté. Il avait une densité de vie spirituelle qui ne passait pas par le même canal que d'autres.

Un orthodoxe, quand on lui parle d'oraison, ne sait pas ce que c'est. Il pratique la rumination de la prière de Jésus dans la vie ordinaire, mettant en symbiose sa vie et sa prière. Le spirituel orthodoxe a une tout autre approche que la nôtre en matière de prière, et de recherche de la communion divine. Il y a des personnes rationnelles qui vont avoir beaucoup de mal à faire silence, il y a des personnes sensibles qui vont avoir de grands élans mystiques, peut-être trop affectifs et illusoires. Qui sera le plus avancé ? Je ne sais pas ! Il me semble que la communion avec Dieu est inscrite dans notre nature, à travers la diversité de nos tempéraments. Aucun de nous n'a la même expérience. Le plus ennuyeux ce sont les modes qui empêchent parfois un sain respect de la diversité. Au 16e siècle par exemple, la mode était d'avoir des visions. Si on n'avait pas de vision, on n'était pas un spirituel ! Puis cette mode a fini par passer, et d'autres ont pris le dessus.

Dieu ne cesse de nous attendre !

Dans l'expérience spirituelle, est-ce Dieu qui vient à nous ou nous qui allons à Lui ?

Je pense vraiment que, comme dans toute rencontre, il y a un rapprochement mutuel. Si deux personnes veulent se rencontrer, il faut vraiment qu'il y ait une marche de l'un vers l'autre. Dieu ne cesse de venir à nous, c'est nous qui n'allons pas toujours vers Lui. Lui est constamment dans ce désir de la rencontre avec nous. Il nous attend, ou plutôt Il fait plus que nous attendre, Il fait son chemin vers nous.

Mais pourquoi y a-t-il des gens qui ne savent pas, qui ne sauront jamais que Dieu vient à eux ?

Cela ne veut pas dire qu'ils ne vivent pas quelque chose de cette réalité. Il faut faire une distinction entre la rencontre de Dieu et l'expression de la rencontre de Dieu. On peut vivre des réalités humaines belles et fortes – par exemple la rencontre de quelqu'un avec qui on va partager toute sa vie et tisser une histoire familiale – et reconnaître ces expériences comme profondément spirituelles. Explicitement on n'y verra pas forcément Dieu, mais on ne peut pas nier à titre d'exemple que la rencontre d'un homme et d'une femme, quand elle est vécue dans un amour réciproque qui survit aux épreuves, soit habitée par quelque chose de tout à fait indicible. Il y a beaucoup de gens qui ne nommeront jamais l'expérience qu'ils font comme une expérience de Dieu mais qui vont pourtant en vivre quelque chose.

Faut-il pouvoir nommer l'expérience de Dieu pour être plus près de Lui ? Je n'en suis pas absolument sûr. Un enfant ne nomme pas l'expérience de Dieu, il ne peut pas le faire car il n'a pas notre langage, mais on ne peut pas nier qu'un nouveau-né porte déjà une grâce particulière, reçue d'un Autre. Il y a des réalités humaines qui permettent d'expérimenter la rencontre de Dieu, que cela soit nommé ou non. Il me semble que tout homme, toute femme sur la terre est doté de la capacité de s'ouvrir à quelque chose qui le dépassera toujours, déjà par le biais de la rencontre des autres et à plus forte raison par la rencontre avec le Créateur. Il est évident que des gens qui vivent en conformité avec un idéal d'amour à travers une religion ou à travers une philosophie peuvent être proches de Dieu, même s'ils ne Le nomment pas. Mais ceux qui nomment cette rencontre, comme ceux qui sont appelés à recevoir sacramentellement cette Réalité, sont aussi appelés à beaucoup d'autres choses, en particulier à témoigner explicitement de leur foi.

Le philosophe Yvan Amar, qui a fait un long chemin dans l'hindouisme avant de rencontrer la Bible, a cette définition de Yahvé-Dieu qui devrait vous plaire : « Il n'est pas moi et Il n'est pas un autre. Il est la relation. »

On peut dire cela pour une part. Mais vous savez, il faut tout de même avouer que c'est vraiment très prétentieux de notre part à nous, pauvres humains, de mettre en équations et en définitions la Réalité divine. Tout comme la réalité humaine d'ailleurs. Finalement on ne sait presque rien. Nous sommes touchés par quelque chose d'extrêmement puissant, mais au bout du compte nous ne savons pas très bien par quoi. Nous sommes obligés d'avoir quelques discours pour nous y retrouver et pour repérer nos positions respectives sur la carte de la vie. Mais nous ne connaissons pas grand-chose, et lorsque l'on réfléchit un tant soit peu à notre situation dans l'ensemble de la création, on est pris d'un immense vertige. Ce qui est merveilleux, c'est de pouvoir parler de cela avec une conviction extrême alors qu'en même temps nous sommes perdus, au milieu de cet univers qui se déploie autour de nous, en expansion constante. C'est à la fois vertigineux et bouleversant. Mais je vais vous faire une confidence : je crois vraiment en Dieu !

Ça c'est une révélation !

C'est une *bonne nouvelle*. Et plus j'avance dans la vie, plus cela devient lumineux.

Plus de doutes ?

J'en ai traversé beaucoup. Le doute a été très présent tout au long de mon parcours. Mais je crois que si l'on place la foi entre le doute et la certitude, on se trompe. La foi n'est pas cela. C'est un don de Dieu, une circulation dans la relation avec Dieu, reçue, toujours présente, même si l'on ne saisit pas tous les contours qui la définissent. C'est une expérience, on n'y peut rien. Tel est vraiment le centre d'intérêt de ma vie. Cette expérience ne me sépare bien sûr ni des autres ni de la création.

CHAPITRE 12

Que nous apprend l'Ecriture sur l'homme ?

Le 21e siècle ne sait plus très bien qui est l'être humain, quelle est sa nature, à quoi il est appelé... Le récit de la Genèse nous dit que « Dieu créa l'homme à son image ». C'est à la fois magnifique et difficile à imaginer...

Saint Irénée avance que lorsque Dieu a créé l'homme, Il avait à l'esprit la figure de son Fils. Il nous a créés sur le modèle de son Fils si l'on peut dire. Avec l'incarnation, l'image de Dieu se déploie dans la chair. Elle se manifeste dans la chair de son Fils. Si bien que Jésus peut dire : « Qui me voit, voit le Père. » L'Epître aux Hébreux parle de l'« empreinte de la divinité ». Et nous, qui appartenons au Corps du Christ, à la fois à titre personnel et à titre communautaire, nous sommes donc à l'image de Dieu.

Quand on pense à toutes les horreurs dont l'homme est capable, on a du mal à admettre qu'il soit « à l'image de Dieu », comme vous dites !

Le récit de la Genèse dit aussi que Dieu fit l'homme à son image et à sa ressemblance. Les Pères de l'Eglise traduisent : Il fit l'homme à son image, *en vue* de sa ressemblance. Cela signifie que Dieu a posé au départ son empreinte, sa figure, sous les traits de l'homme à travers l'image de son Fils, mais Il n'a pas achevé le travail ; Il nous laisse le terminer, dans la croissance de notre devenir jusqu'à être semblables à Lui, dans sa parfaite ressemblance. On trouve un écho de cela dans la première Epître de saint Jean : « Nous le verrons tel qu'Il est car nous serons semblables à Lui. »

L'avenir de l'homme va dans le sens de sa divinisation, de sa participation à la vie divine. Cette réalité est à la fois potentiellement inscrite dès le départ en la créature – l'homme est à l'image de Dieu – et en devenir. Ce qui nous distingue actuellement de Dieu, c'est que nous sommes dans le devenir alors que Lui ne devient pas, Il est. Il est éternellement en Lui-même, sans changer, alors que nous, notre condition de nature est d'être dans le devenir. Dieu n'a pas fini son œuvre. Il a confié à l'homme le soin de la poursuivre en lui faisant ce don merveilleux de la liberté. C'est cette liberté qui peut produire des erreurs profondément destructrices, susceptibles même de mettre en péril toute l'œuvre de Dieu.

Notre liberté serait donc en quelque sorte aveugle sur ce devenir auquel nous sommes appelés ?

Notre grande difficulté, c'est que nous n'avons que des visions immédiates, nous ne connaissons pas le tout de l'œuvre de Dieu. Nous marchons à tâtons. Cette vision partielle nous rend la vie périlleuse et difficile. Nous ne pouvons appréhender l'œuvre de création que dans la mesure où nous entrons dans un silence de communion qui nous permet de dépasser l'obstacle de notre vision partielle. Un jour, nous parviendrons à la vision d'ensemble.

J'aspire à cette vision que j'ai eu souvent l'occasion de pressentir en étant proche de mes frères moines à l'heure de leur mort. Auprès d'eux, même sans aucune parole, j'ai souvent perçu ce basculement dans l'éventuelle possibilité de voir la Réalité tout entière. Il y a chez le mourant un processus d'approche du passage qui est extrêmement bouleversant. Souvent on assiste d'abord à un phénomène de relativisation de tout ce qui est conceptuel et de l'expression que l'on s'en donne. Vient ensuite la phase d'acceptation du non-savoir, puis, me semble-t-il, une étape d'adhésion à quelque chose qui ne s'exprime plus, qui est déjà en avant et à travers quoi le passage va se faire. J'ai vu des frères exprimer leur doute profond concernant l'expression de la foi peu de temps avant leur mort, et ensuite entrer dans une expérience spirituelle qui était d'un autre ordre, difficile à décrire. C'est impressionnant. Au bout du compte, et malgré tous les obstacles et difficultés que nous avons à traverser dans cette vie, il est tout à fait possible de parler avec foi, conviction, ferveur de cette perspective de devenir vraiment à la ressemblance de Dieu.

Ressembler n'est pas cloner !

Le texte de Genèse prévoit les dérapages de la liberté de l'homme avec la fameuse histoire de la « pomme ». Le serpent fait miroiter lui aussi une ressemblance : « Mangez donc de ce fruit et vous serez comme des dieux ! »

Ce récit tout à fait extraordinaire nous offre une compréhension théologique des réalités humaines et résume parfaitement notre condition et le choix radical auquel nous sommes confrontés : allons-nous être tournés vers Celui qui nous a faits, ou allons-nous nous tourner vers nous-mêmes en nous considérant comme autocréateurs, sans Lui ? Le serpent ne parle pas vraiment de ressemblance. Etre à l'image et à la ressemblance de Dieu, c'est avoir part à sa nature. Or être « comme des dieux » n'est qu'une espèce de copie artificielle. Le dieu proposé par le serpent est un dieu-idole, une sorte de copier-coller. Le mot « comme » est très ambigu car il fait justement penser à une ressemblance, alors qu'il ne s'agit pas d'une ressemblance au sens où Dieu l'entendait. On sent bien qu'il y a là une perfidie extrême. Le serpent sait que cela ne fonctionne pas, mais il cherche à aveugler l'homme. C'est bien ce qui se passe dans notre vie habituelle. Les suggestions qui viennent à notre esprit ne sont pas forcément clarifiantes. Elles nous amènent sur des terrains où nous n'y voyons plus clair, où nous ne savons plus que choisir. Si on se laisse séduire par les artifices, on va se conformer à un modèle qui ne correspond pas à ce que nous sommes, tout en pensant qu'il nous correspond parfaitement. C'est toute notre difficulté d'être à l'image de Dieu. L'image de Dieu nous laisse parfaitement être nous-mêmes dans la liberté. L'image de l'idole ne nous laisse plus la possibilité d'être nous-mêmes car nous nous assimilons à elle, nous devenons son clone.

Dans l'individualisme contemporain n'y a-t-il pas trace de cette idolâtrie ?

Que nous apprend l'Ecriture sur l'homme ?

Si, dans la mesure où l'individu se pense parfaitement autonome, sans référence extérieure à lui-même, comme autosuffisant, auto-idolâtre. Il y a là quelque chose de très mortifère. Pourquoi le suicide est-il une cause majeure de mortalité, en particulier chez les jeunes ? Si l'on est enfermé en soi-même, on ne peut que mourir. Il n'y a là que du non-sens.

Des Commandements, chemins d'Alliance

N'est-ce pas parce qu'il savait l'homme fragile que Dieu a éprouvé le besoin de lui donner, très tôt dans l'histoire biblique, ces règles de vie que sont les Dix Commandements ?

Il ne me semble pas que les Dix Commandements soient d'abord des règles de vie. Il est évident que si on les détache de leur contexte dans l'histoire de la Révélation, on risque d'en faire un code de moralité auquel il faudra se conformer d'une manière volontaire. Si les Dix Commandements ne sont qu'un code à appliquer pour que la société fonctionne bien, ce n'est guère enthousiasmant ! Il n'y a là aucune perspective vers un avenir, aucune direction, aucun sens pour nos vies, et l'on aura bien du mal à appliquer valablement cette charte. Je pense que le désir de Dieu tel qu'il se manifeste dans la Bible est d'abord d'entrer en relation avec l'homme pour établir avec lui une alliance. Les Dix Commandements font partie de cette histoire d'alliance qui se présente sous des formes extrêmement variées. Avec Noé d'abord, puis Abraham et beaucoup d'autres à leur suite. Quand Dieu scelle une alliance à Sichem avec Josué et le peuple hébreu entré dans la Terre promise de Canaan, c'est encore une autre forme d'alliance.

Les Dix Commandements sont aussi une manifestation d'alliance qui ne doit pas être réduite aux seules dix paroles se suffisant à elles-mêmes, mais qui doit être resituée dans l'histoire. Il y a en fait dans le livre de l'Exode plusieurs chapitres concernant l'organisation juridique du peuple dans son voyage au désert ; ce n'est ni plus ni moins que du droit oriental dans lequel vient prendre place la révélation du Dieu de Moïse, avec quelques touches qui lui sont propres. Mais dès le chapitre 32 de l'Exode, avec l'histoire du veau d'or, l'alliance est brisée. Les tables de la Loi sont brisées. Cette rupture d'alliance donne lieu à un renouvellement d'alliance et à une nouvelle écriture de la Loi. Plus tard cette alliance écrite sur des tables de pierre sera resituée par les prophètes qui montreront que la lettre de la Loi n'est pas suffisante pour conduire à la communion avec Dieu. Il y a à ce sujet de magnifiques versets dans les livres prophétiques : « J'inscrirai ma loi dans leurs cœurs », « J'enlèverai votre cœur de pierre et je mettrai en vous un cœur de chair », « Je serai votre Dieu et vous serez mon peuple ». Il y a donc une spiritualisation de la Loi au temps des prophètes. Puis, avec la révélation, transmise par Isaïe, d'un médiateur comme le Serviteur souffrant, un nouvel éclairage est introduit sur cette alliance : l'avènement du Christ Jésus vient là, très naturellement, comme un accomplissement de cette longue histoire.

Vous voyez donc une seule et même alliance qui s'incarne de plusieurs manières dans l'histoire, en allant vers une spiritualisation toujours plus grande.

Que nous apprend l'Ecriture sur l'homme ?

La révélation de l'alliance est ainsi passée de stade en stade jusqu'à l'avènement de Celui qui accomplit toutes choses. Au terme de la première alliance, le Christ ne fait que cueillir les fruits de la Révélation. Pour les chrétiens, cette alliance se renouvelle à la Pentecôte ; la Loi sera désormais transmise par l'Esprit Saint dans le cœur des croyants réunis.

On est loin en effet d'un code moral !

Non seulement les Dix Commandements ne sont pas un code moral avec lequel nous n'aurions qu'un rapport de dépendance, mais ils ouvrent une perspective tout autre pour tous nos droits et devoirs humains. Nos droits, nos morales sont à resituer, tant pour les juifs que pour les chrétiens, dans ce dynamisme de l'alliance et non dans des absolus qui seraient à poursuivre pour eux-mêmes. Le judaïsme et le christianisme n'ont rien à voir avec une morale simplement humaine. Bien sûr, à la suite de la rencontre avec Dieu qui tente de faire alliance avec nous, nos comportements vont bouger, nous allons travailler à nous conduire avec plus de justesse. Mais notre conduite changera à cause de l'alliance que nous engageons avec lui et non par la volonté de bien nous comporter conformément à des lois. D'ailleurs Jésus, tout au long de sa vie, a souvent choisi comme interlocuteurs des personnes notablement déviantes par rapport aux codes de la société d'alors et c'est avec ces gens-là qu'il a voulu vivre une relation d'alliance. De fait, cette relation d'alliance les fait tellement bouger que leur cœur se retourne. C'est cette possibilité de changement profond qui est source de véritable espérance. Ceux qui se considèrent comme justes en appliquant à la lettre les règles extérieures restent bien malheureux et n'apportent guère de bonheur aux autres. Les vrais justes sont ceux qui vivent dans le dynamisme de cette relation avec le Christ, source de profonde conversion dans leur comportement. D'ailleurs ceux-là ne se pensent pas comme des justes.

Culture de vie, culture de mort

Il y a une phrase du Deutéronome dont la force me frappe : « Tu as devant toi la vie et la mort, choisis la vie. » Ne met-on pas le doigt sur le fait que cette alliance est une question de vie ou de mort ? Refuser l'alliance entraînerait un risque mortel ?

Exactement ! C'est la grande question. L'existence est vraiment et constamment une question de vie ou de mort. Certains essaient de plaisanter avec la mort soit pour prendre de la distance, soit au contraire pour s'y enfermer, en désespoir de cause. Peut-être d'ailleurs n'est-ce que pour en « exorciser » la peur. A ce titre, j'ai beaucoup de mal à comprendre les films d'horreur. Je ne suis pas vraiment de cette culture et je serais assez incapable de regarder spontanément ce genre de productions.

Les psaumes ne font-ils pas souvent allusion à ces structures mortifères ?

Certes, mais en les remettant sous le regard de Dieu, on introduit un troisième terme qui nous sort de la confrontation directe. Dans les années 50 est parue la première édition de la traduction des psaumes d'André Chouraqui, précédée d'une introduction extrêmement éclairante sur la manière de les aborder. Dans les psaumes, tout spécialement, il se passe exactement ce que nous venons d'évoquer puisqu'ils ne font que mettre en prière des situations dramatiques ou exaltantes de la vie de l'homme. Là se jouent les grands choix possibles à travers les suggestions de l'Esprit. Il y a en permanence dans les psaumes une confrontation entre l'appartenance à soi-même, l'enfermement sur soi-même et l'ouverture à l'autre ; dans le langage des psaumes, on personnifie la première situation sous le nom de l'impie et la seconde sous le nom du juste. Le juste prie en remettant la situation dans laquelle il se trouve sous le regard de Dieu : « Vois ce qu'il en est, on ne peut plus tenir dans cette situation, fais quelque chose ! A toi de démêler tous les fils ! »

Cela dit, il y a plusieurs sortes de psaumes. Ceux qui reflètent des circonstances très tendues nous révèlent ces situations variées que nous traversons nous-mêmes pour aller vers notre devenir. Mais il y a aussi des psaumes de louange qui accompagnent la dernière partie de l'expérience : la reconnaissance. Le juste rend grâce parce qu'il a reçu un éclairage qui lui permet de sortir de l'aveuglement. Il y a encore les psaumes messianiques qui sont très importants puisque nous sommes nous-mêmes « prêtres, prophètes et rois », du fait de l'onction d'huile sainte reçue au baptême, signe du don de l'Esprit de Dieu, qui nous rend conformes au Christ : le mot « christ », comme on le sait, désigne « celui qui est oint ». En effet, par le don de l'Esprit, nous sommes intronisés d'une certaine manière à la messianité, puisque tout homme, dans son devenir, est invité à se situer dans une perspective messianique. « Dieu fasse qu'ils deviennent tous prophètes » pour pouvoir discerner les choses de la vie et avancer dans la clarté ! En latin le mot *claritas* signifie la gloire. La gloire de Dieu, c'est la clarté de Dieu et aussi celle de l'homme qui recouvre la vue.

Au 21e siècle, nous nous trouvons dans des situations qui ressemblent à celles des psaumes. Comment être vraiment présent à la culture de notre époque sans se laisser contaminer par ce que Jean-Paul II et Benoît XVI nomment « culture de mort » ?

Si l'on devient esclave de tel ou tel aspect de la culture qui nous façonne, on n'est pas témoin d'une alliance de liberté et d'amour avec les autres et avec Dieu. Mais il ne s'agit pas pour autant de déserter la culture de notre temps. Personnellement, je m'y sens inscrit d'une manière très forte. J'ai beaucoup fréquenté le cinéma, des situations sociales épineuses, je me suis trouvé dans des circonstances où je pouvais basculer dans un tout autre monde que celui qui m'habitait. Pour se préserver, il convient de garder une certaine distance ; ce n'est pas en courant sans cesse après des manifestations de cette culture que j'en ai le plus appris. On peut être informé avec très peu d'éléments. Prenez par exemple la fréquentation de l'internet. C'est un moyen qui n'informe pas autant qu'on pourrait le croire. L'insatiabilité à naviguer sur le net peut devenir quasi pathologique sans pour autant permettre une croissance de l'être et une meilleure connaissance de la culture. Au bout du compte, on ressort lessivé par cette quête sans fin et trop immédiate. Dans l'immédiateté on ne peut pas trouver ce que l'on cherche ; je l'ai expérimenté souvent dans ma vie.

Quels sont les barrages qui empêcheraient aujourd'hui cette réponse à la proposition d'amour de Dieu ?

Y a-t-il plus de barrages aujourd'hui qu'hier ? Je ne sais. Peut-être aujourd'hui avons-nous davantage de moyens pour vivre sur nous-mêmes sans accéder à la relation d'amour avec autrui. Peut-être l'homme est-il de plus en plus autonome dans ses moyens d'action et le fait de se passer d'une ouverture à Dieu lui devient-il de plus en plus facile et ne l'encourage-t-il pas à l'ouverture aux autres. C'est ce qui produit toutes ces manifestations de violence ou d'injustice dans la répartition des richesses.

Devant ces constats, les contours de l'alliance ne peuvent qu'être prophétiques. Aussi bien au niveau des individus que des communautés, nous sommes invités à manifester des signes qui aillent à l'encontre d'un individualisme étroit ou d'un effet de masse envahissant et qui barrent l'accès à une réalité autre que celle de l'immédiateté. Si on ne laisse pas libre cours à ce prophétisme, je ne vois pas très bien comment l'alliance peut s'inscrire au cœur de ce monde. Mais il faut avouer que l'on a du mal à répondre à l'appel ! Je pense à cela parfois pendant les offices. En regardant mes frères, je me demande pourquoi certains visages ont l'air triste. Les moines ont tout ce qu'il leur faut, ils sont dans un monastère qu'ils ont choisi, ils ont une certaine liberté d'action... Pourquoi n'y a-t-il pas une dilatation de leur être et de notre témoignage ? Ce qui manque sans doute le plus aux chrétiens, c'est ce côté prophétique qui n'est pas aussi manifeste qu'on pourrait l'espérer. Nous sommes dans une société où nous avons une vie relativement confortable, et pourtant la tristesse habite nos rues, parfois nos maisons. Lorsqu'on va dans un pays pauvre, on voit des visages souriants malgré les rudes conditions de vie. Ce constat ne m'amène pas à faire l'éloge de la misère, mais me pose question sur notre manière d'aborder les choses de la vie et sur notre témoignage. Comment trouver le moyen de faire en sorte que cette alliance ait un côté prophétique et que la liberté ne soit pas encombrée par toutes sortes d'obstacles trop humains ?

Une alliance pour tous ?

L'alliance proposée par le Dieu de l'Ancien Testament concerne-t-elle des personnes qui ne sont pas dans la tradition juive ou chrétienne ?

Au sens strict, la manifestation d'alliance se déploie à travers un peuple et des témoins que Dieu choisit pour être ses représentants. Il y a, pourrait-on dire, une manifestation sacramentelle de cette alliance par l'intermédiaire du Peuple de Dieu. Mais cela ne veut pas dire que des hommes n'appartenant pas à ce Peuple ne vivent pas du fruit de cette alliance et de la beauté et de la force d'une relation avec Dieu.

Il est nécessaire de toujours distinguer entre la sacramentalité du Peuple de Dieu, et la réalité des fruits de l'être-avec-Dieu qui sont présents dans le monde entier à travers toutes sortes de situations où l'amour est premier, au cœur de toutes les religions et même en dehors de celles-ci.

Tous les hommes sont donc invités à entrer dans cette alliance...

Bien entendu, et tout particulièrement à la fin des temps. Mais ils ne sont pas tous appelés à la manifester sacramentellement. En christianisme, les sacrements sont des figures tout à fait merveilleuses de la réalité de l'alliance. Le baptême, la confirmation, l'eucharistie, le sacrement des malades, le mariage, l'ordre et le sacrement de la réconciliation sont des signes obligatoirement eucharistiques de l'alliance. Ils sont un mouvement de Dieu vers les hommes, des hommes entre eux et des hommes vers Dieu. La sacramentalité est quelque chose de très beau. Il n'y a pas lieu de s'en prévaloir lorsqu'on est appelé à en vivre ; c'est surtout une mission exigeante. Dieu envoie ses disciples pour témoigner de l'alliance qu'Il veut instaurer avec tous les hommes au-delà des limites de ce monde. Quelle mission ! A la rigueur, on s'en passerait bien, mais en même temps, cette mission procure un bonheur sans mesure qui nous donne le goût dès maintenant des biens éternels. Je vous dis tout cela avec beaucoup de crainte car je m'exprime spontanément sur des sujets difficiles que les théologiens travaillent avec une grande exigence.

Je ne vous interroge pas d'abord comme théologien, mais comme témoin privilégié, éclairé par votre expérience spirituelle. Aujourd'hui d'ailleurs, la théologie ne doit-elle pas aussi tenir compte de l'expérience spirituelle ?

Je le crois. Mais celui qui témoigne de son expérience doit le faire de manière juste, c'est bien pour cela qu'en évoquant avec vous des sujets aussi importants, le frémissement de l'amour de Dieu m'incite à la vigilance.

Liberté chérie !

En évoquant cette question d'alliance vous avez souvent prononcé le mot « liberté », comme cadeau de Dieu. Quel contraste avec l'opinion généralement répandue selon laquelle l'Eglise – qui est aussi dépositaire de cette alliance – serait le dernier bastion de l'antiliberté !

Tout dépend de ce que l'on met sous le mot de liberté. Si être libre consiste à faire ce que l'on a envie de faire, il est certain que le christianisme n'est pas le lieu idéal pour vivre cette liberté-là ! Mais, de mon point de vue, une telle liberté est illusoire, à courte vue, toujours liée à l'immédiateté. La liberté qu'apporte la Révélation est autre. Elle offre un certain nombre de moyens pour ne pas être esclave de soi-même. Or qu'est-ce qui est le plus difficile dans la vie ? C'est de ne pas se laisser tyranniser par soi-même, par ses affects et ses pulsions. Etre libre voudrait dire laisser le trésor que chacun possède se développer sans entraves, sans les obstacles que nous mettons à l'épanouissement de notre vrai moi. Nous croyons qu'en laissant se déployer nos entraves inconscientes nous touchons à la liberté alors qu'au contraire nous la brimons.

Ce que vous dites n'est pas facile à comprendre quand on n'en a pas fait l'expérience.

Evidemment. Parce que l'on ne perçoit pas tous nos mouvements spontanés comme des entraves mais comme des plaisirs. J'ai personnellement vécu les années 70, alors que j'étais étudiant en musique à Paris, comme des années très intéressantes, avec beaucoup de joie, et j'ai même cru à certains aspects de la grande libéralisation qui s'opérait alors. Je suis allé en Angleterre à cette époque où les parents laissaient tout faire à leurs enfants. Cela m'intéressait beaucoup, mais j'ai perçu que de tels positionnements ne permettaient pas toujours de toucher à l'essentiel.

Personnellement, comment êtes-vous arrivé à entrer dans cette vraie liberté ?

Mais je ne suis pas encore libre ! Je suis contraint par des tas d'obstacles. Cela ne circule pas complètement, je le sens bien. Si cela circulait complètement, mon témoignage serait tellement plus fort ! Cependant plusieurs étapes ont contribué à faire grandir quelque chose qui était en moi à l'état embryonnaire. Mon entrée au monastère en 1975 m'a aidé – dans la contrainte et dans la confrontation avec une hiérarchie organisationnelle et avec certaines valeurs – à faire fructifier des éléments que j'étais loin d'avoir intégrés. En fait j'y avais déjà été aidé avant d'entrer au monastère, en fréquentant des lieux comme Taizé ou l'Arche de Jean Vanier à Trosly où j'ai compris beaucoup de choses. Ce furent pour moi des relais entre l'expérience folle de la réalisation de ses envies et l'ascèse du monastère. J'ai également été aidé par la discipline artistique qui est une rude école. On est obligé de s'astreindre à une ascèse très rigoureuse avant d'arriver à cette expression qui va au-delà de toutes les techniques, pour toucher au sublime, pour partager le sublime. Les sportifs en font aussi l'expérience. Voilà pour moi quelques traces du chemin qui ouvre à la vraie liberté.

De l'importance de l'histoire

La Bible, c'est l'histoire d'un Peuple qui chemine à travers les lieux et les siècles. Lors d'une récente enquête auprès des catéchumènes adultes, j'ai constaté que la perception de la Bible comme une histoire linéaire (et non comme un temps cyclique tel qu'il existe dans les philosophies orientales) était importante pour les aider à relire et structurer leur propre histoire.

C'est bien évident. Nous croyons que nous sommes dans un devenir et ce devenir comporte des étapes de prise de conscience, d'enrichissement de l'esprit, de la perception. Il y a donc un sens linéaire, une direction : on part de quelque chose et on va vers autre chose. Et aussi un sens symbolique, une signification. Dans cette histoire – collective comme personnelle – Dieu vient nous visiter. Il n'est pas hors de l'histoire. Dieu tient tellement compte de ce que nous vivons dans cette histoire qui est la nôtre, que la Bible en a consigné toutes les étapes, les plus belles comme les plus pitoyables. Beaucoup de personnes sont déroutées, voire scandalisées, par certains passages de la Bible : les guerres, les violences, les paroles dures, les gens qui se comportent mal... Mais c'est notre histoire, c'est l'histoire des étapes de l'humanité et de la Révélation. Le fait d'en prendre acte nous permet aussi de mesurer le chemin parcouru et le dévoilement progressif de Dieu aux hommes. C'est plutôt réconfortant. Il en va de même dans notre histoire personnelle. Nous expérimentons nous-mêmes les différents états que l'humanité a traversés au cours de son histoire et toutes les étapes de la Révélation.

Que nous apprend l'Ecriture sur l'homme ?

Il ne faut pas se voiler la face : nous sommes une part de la brute sanglante qui va égorger son frère, nous sommes une part de celui qui va voler son voisin, etc., nous vivons quelque chose de cela dans notre histoire. Il ne faut pas vouloir fuir cette histoire. Révélation juive et chrétienne ont pour principe de ne pas fuir la réalité des faits, y compris des faits douloureux.

Il y a une expression qui revient souvent dans l'Ecriture, c'est le « faire mémoire ».

Cette notion est très riche car la mémoire dont il s'agit est la mémoire des étapes de l'histoire et de la présence de Dieu dans cette histoire. Faire mémoire, c'est actualiser la présence de Dieu dans la vie des hommes. Lorsque nous faisons mémoire du mystère de Dieu dans l'histoire nous nous rendons présents à sa présence d'une certaine manière. La notion de mémorial est très riche.

Aujourd'hui, parce que la transmission fait défaut, pouvoir s'inscrire dans une histoire est une chance. Une catéchumène de trente-cinq ans, par ailleurs très cultivée, est allée jusqu'à m'affirmer qu'elle avait trouvé ses racines et son identité en lisant la Bible.

On est de plus en plus conscient de la nécessité d'être inscrit dans une lignée de mémoire à laquelle la religion participe. Le problème aujourd'hui, c'est que l'individu veut être libre de choisir sa lignée de mémoire, qui ne sera pas forcément celle qui lui a été donnée au départ. Il y a donc une perturbation dans les appartenances, surtout si l'on va picorer ici ou là !

Peut-on dire que les racines et la mémoire bibliques apportent une réponse au « Qui suis-je ? » contemporain ?

On ne peut pas poser la question de façon aussi théorique. C'est l'expérience personnelle à travers différentes étapes et différentes rencontres qui permet de pouvoir dire, de manière évolutive d'ailleurs, qui l'on est, ce que l'on devient et ce que l'on accepte de devenir. La conception la plus juste de l'identité consiste à ne pas être enfermé dans une définition. Je ne sais pas qui je suis mais j'ai confiance.

Vous, vous pouvez dire : « J'ai confiance » parce que vous croyez en Dieu ! Mais si l'on ne croit pas en Dieu...

Mais pourquoi n'existerait-il pas une confiance dans le cadre d'une rencontre ? Si quelqu'un me posait la question : « Qui suis-je ? », je ne lui répondrais pas. J'essaierais de vivre avec cette personne une relation de vérité, de fraternité, d'amour. Et à partir de cette relation de vérité, peut-être la confiance jaillira-t-elle et grandira-t-elle. Et la personne pourra peut-être dire un jour : « Je ne sais pas qui je suis mais je sais que je suis aimé et c'est ainsi que j'existe. »

La réponse au « Qui suis-je ? » va donc être trouvée dans le fait d'être aimé ?

Si quelqu'un est reconnu en tant que tel, il peut vivre même sans savoir qui il est vraiment. Il ne le saura jamais totalement d'ailleurs. C'est parfois très angoissant de sentir une personne confrontée à sa propre recherche qui va de session en session, de proposition en proposition et finalement ne rencontre pas un regard d'amitié suffisant. Il y a des énergies magnifiques qui sont bloquées par de mauvaises relations avec des personnes intervenues dans leur histoire. Il y a des gens qui se sentent tellement mal aimés et depuis si longtemps qu'ils sont surpris s'ils sentent un regard d'amour posé sur eux. Certains recevront ce regard avec un immense bonheur, mais d'autres en auront peut-être peur. L'idéal selon nos convictions serait que cette rencontre d'amitié puisse déboucher sur une rencontre du Christ.

Trois dimensions de l'être

Avant de refermer ce chapitre sur ce que l'Ecriture nous dit d'essentiel sur l'homme, voyez-vous quelque chose à ajouter ?

Oui, encore une chose très importante : l'anthropologie juive ou chrétienne nous dit que nous sommes constitués d'un corps, et c'est très beau, mais aussi d'un esprit et d'une âme. Les trois dimensions à la fois. Malheureusement, avec l'influence de la philosophie grecque le mot « âme » a pris un sens bien particulier dans le monde occidental : l'âme serait une entité immatérielle en quelque sorte, qui sort du corps à la mort de celui-ci pour devenir une réalité autonome et rejoindre un autre lieu. Dans l'anthropologie hébraïque, la notion d'âme désigne tout autre chose. L'âme contient tous les mouvements qui traversent notre gorge, venant de l'intérieur vers l'extérieur : nos affects, nos angoisses, nos sentiments... Et cet « intérieur » concerne toutes les parties de nous-mêmes, y compris notre corps. Il y a dans l'anthropologie hébraïque une alliance extrêmement profonde entre l'âme et le corps. L'esprit est littéralement une insufflation qui traverse la personne et unit les êtres entre eux. Quand Dieu et l'homme échangent leur souffle, ce souffle devient une respiration commune. Dans la vie courante, ne sommes-nous pas en communion avec les autres personnes par cet air unique que nous respirons ? Notre âme bénéficie à travers le corps du souffle qui habite notre parole, nos gestes : autant d'éléments qui vont créer le mouvement de notre pensée, mais aussi les mouvements de notre intelligence physique et intuitive.

On ne peut pas vivre sans reconnaître l'unité de ces trois dimensions de l'être humain : le corps, l'âme et l'esprit. La manière de vivre dans son corps est très importante puisque le corps est l'élément principal de la communication, de la rencontre de l'autre. Pour communiquer il faut bien une réalité qui en rencontre une autre. Le corps est d'une intelligence fabuleuse, d'une grandeur inouïe. Il est parfois un lieu contraignant mais il est aussi le lieu de l'expression de la beauté, de la communion. L'âme est vraiment le principe de vie qui nous traverse et qui est en rapport étroit avec notre corps, notre intelligence, notre mémoire, notre imagination. Cette âme est vivante en nous. L'artiste perçoit bien cela car il travaille beaucoup à cette communication avec l'âme à travers ses instruments. Quant à l'esprit, il est toujours surprenant : on ne sait jamais d'où il vient ni où il va, qu'il soit le nôtre propre, celui d'un autre ou celui de Dieu. C'est tout cet ensemble, très parlant pour l'homme moderne, qui est à faire vivre dans toute sa puissance. Jean-Paul II a été un témoin particulièrement convaincant de l'harmonie qui peut exister dans un être humain, corps, âme et esprit. Quand il était en bonne santé, son corps a traduit avec liberté les mouvements qui le traversaient. Son âme était constamment présente dans la rencontre avec les autres, notamment par la parole. Et il a aussi déployé toutes les ressources de l'esprit. Sa prédication a débuté d'emblée sur le thème de l'homme. L'« hômme », comme il le martelait avec son accent polonais. Même dans l'épreuve de la maladie il est arrivé à faire vivre son corps et son âme dans l'Esprit. Dans ses derniers mois, alors que son corps n'était plus qu'une dépouille en train de partir, on le voyait encore pointer son œil vers on ne sait quoi et son regard était d'une acuité extrême, comme celui d'une chouette dans la nuit.

Ce qui serait merveilleux, c'est que nous arrivions à être assez bien situés dans ces trois dimensions de notre personne pour nous rencontrer vraiment les uns les autres.

Après ce bref parcours biblique, on a envie de dire, avec Jean-Claude Guillebaud, que les chrétiens sont assis sur un trésor. Mais il ne suffit pas d'en être persuadés, il faut savoir le communiquer. Et c'est d'autant moins facile que ce trésor susceptible d'enthousiasmer nos contemporains passe par la croix...

Ceux qui communiquent le mieux sont ceux dont la parole est en adéquation avec leur action au service de la vérité et de la charité. Et je pense que les grands témoins situent bien la croix au centre, cela fait partie de leur authenticité. Une telle vérité de témoignage a quelque chance d'être reçue par nos contemporains.

Peut-être n'y a-t-il pas d'autre communication possible que celle du témoignage habité. Les livres de théologie sont faits pour des personnes qui ont envie de réfléchir et d'avancer ensemble sur tel ou tel sujet, ils ne sont pas destinés au grand public. Le témoignage est une traduction du langage de la recherche pour le plus grand nombre. Mais, attention, témoigner n'est pas se raconter, c'est transmettre d'une manière engagée les fondements et l'expression de la foi. Quand Paul se trouvait sur l'Aréopage d'Athènes, il a tenté le tout pour le tout : parler du Christ, de la croix et de la Résurrection. Mais il avait tout de même pris la précaution de bien enraciner son discours sur un terrain que ses interlocuteurs pouvaient rejoindre, à partir de leur culture : « Athéniens, je vous considère à tous égards comme des hommes presque trop religieux, leur dit-il. Quand je parcours vos rues, mon regard se porte en effet souvent sur vos monuments sacrés et j'ai découvert entre autres un autel qui portait cette inscription : "Au dieu inconnu". Ce que vous vénérez sans le connaître, c'est ce que je viens, moi, vous annoncer. » Il faut avouer que ce témoignage-là n'est pas très bien passé puisque les Athéniens répondirent simplement à Paul à propos de la résurrection des morts : « Nous t'entendrons là-dessus une autre fois » ! Cela a dû être terrible pour Paul. Mais son audace n'a pas été inutile. D'ailleurs ce récit a été consigné et on le lit encore. En rappelant ce passage, je voulais souligner la pertinence de tels témoignages, même s'ils apparaissent sur le moment comme un échec.

CHAPITRE 13

Dieu-Père, le Christ, l'Esprit

Souvent, au cours de nos entretiens, vous avez manifesté votre hésitation à « définir » Dieu. Vous dites volontiers que vous ne savez pas qui Il est. Parmi toutes les images de Dieu qui circulent, depuis le Père Tout-Puissant jusqu'au Dieu énergie d'aujourd'hui, vous en avez bien une qui fait référence pour vous ?

On a besoin d'images de Dieu et quand on n'en a pas, on s'en fabrique. C'est vrai qu'elles ne sont jamais totalement « bonnes ».

Je suis sensible au fait que Jésus appelle Dieu *Abba*, son père. Que Jésus soit dans cette relation de Fils à l'égard du Père est très important pour moi. Ce n'est pas n'importe quel père, mais un père d'intimité qui se laisse appeler *Abba* dans une profonde reconnaissance de filiation. Ce n'est pas le *pater familias*, le père écrasant, mais le Père aimant dans une relation où prévaut la circulation d'amour. Car une vraie relation paternelle et filiale est une relation d'amour, d'amour générateur, une diffusion d'amour non retenu, d'amour libre, pourrait-on dire.

Du grand Tout au Père

Avez-vous toujours eu cette image de Dieu Père aimant ?

Non, je ne pense pas. C'est la rencontre du Christ qui m'a permis de nommer Dieu, de Lui dire « Tu » en Le reconnaissant dans cette relation que le Fils Lui-même nous révèle comme une relation extrêmement juste avec le Père.

Très jeune, j'avais plutôt une image d'un Dieu absolu : Dieu était pour moi le grand Tout, très fascinant, par lequel j'étais absorbé. La relation avec Dieu s'est finalement toujours imposée dans ma vie, mais elle se personnalise de plus en plus. Je crois que la pratique de l'art avait contribué à me donner l'image du grand Artiste, du grand Créateur, du grand Poète de la création. En effet nos images de Dieu sont liées à nos expériences humaines et notamment à l'image de ceux qui nous ont donné la vie sur la terre, même si on s'en libère ensuite. A ce titre-là, j'ai eu beaucoup de chance, car l'amour de mes parents m'a sûrement permis de découvrir progressivement l'amour qui est en Dieu. L'image de mon propre père n'y est pas étrangère. C'est un homme libre qui laisse vraiment circuler l'amour. Quel bonheur d'avoir un tel père ! L'image maternelle joue aussi puisque Dieu est décrit comme une mère en certains passages de la Bible. Cette dimension féminine dans la création me fascine. Est-ce que mon image de Dieu a été marquée par la relation avec ma mère ? Sûrement, mais plutôt dans l'ordre de l'exigence et du devoir dont l'amour n'est certainement pas absent. Mon père et ma mère se sont admirablement complétés pour exercer leur autorité parentale. Nous, leurs enfants, les avons toujours beaucoup respectés, et je dois dire que plus les années passent et plus je leur suis reconnaissant pour tout ce qu'ils nous ont transmis.

L'image du Tout-Puissant nous a tous tellement imprégnés, que quand Christian Bobin a parlé du « Très-bas » les chrétiens s'en sont emparés comme d'une antithèse salvatrice.

L'approche de Christian Bobin touche certainement un grand nombre de personnes, mais il ne revendique pas d'appartenance explicitement chrétienne. Son accès à Dieu comme « Très-bas » ne ne se réfère pas de manière explicite à l'expérience de Jésus-Christ. Pour ma part, je me retrouve bien dans la théologie de François Varillon, notamment dans son livre *Humilité de Dieu* ou dans *Beauté du monde et souffrance des hommes*, dont la lecture m'a donné du bonheur.

Vous dites que Bobin n'est pas passé par le Christ pour aller à Dieu. Doit-on obligatoirement passer par le Christ pour aller au Père ?

Si on appartient à l'Eglise, si on a été baptisé dans le Christ, on a été ordonné à une mission. On n'a pas d'abord été baptisé pour être sauvé à titre personnel mais pour être ordonné dans le Christ. Nous participons par le baptême au grand ordonnancement du Peuple de Dieu par le Christ dans l'Esprit. Donc je ne vois pas comment on peut faire l'impasse de la relation au Christ quand on entre dans ce Corps-là. Si l'on n'est pas baptisé, la question se pose en d'autres termes...

Les portes d'entrée de l'expérience

Quand on est attentif aux parcours spirituels des personnes, force est de reconnaître qu'il y a des portes d'entrée et des cheminements différents ! Certains chrétiens, ou bien certains convertis, sont d'emblée plus sensibles à la relation avec le Père, d'autres, comme les charismatiques, arriveront à Lui par l'Esprit.

Ah oui, les portes d'entrée sont multiples ! Pendant tout le début du 20e siècle, on parlait surtout de Dieu. On accédait au christianisme par un Dieu qui avait toutes sortes de visages, et le Christ venait en second. A partir des années 60, on s'est mis à parler de christologie et l'accès à Dieu le Père passait par le Christ. C'est cette porte d'entrée dans le mystère de Dieu par le Christ qui m'a marqué durant ma jeunesse. Quelques années après, avec les charismatiques, on s'est mis à parler d'abord de l'Esprit Saint. Et maintenant on essaie de reparler de Dieu Lui-même. On n'y arrive pas toujours très bien mais on essaie. Les questions que les gens nous posent portent sur Dieu, beaucoup moins sur le Christ et encore moins sur l'Esprit. Actuellement la question est : Dieu est-il ou n'est-il pas ? Qu'est-ce que vous en dites ?

Avec le Jubilé de l'an 2000, l'Eglise a proposé une réflexion de trois années sur les personnes de la Trinité, qui a donné lieu à une littérature assez foisonnante sur le Christ, l'Esprit et le Père, considérés séparément ou ensemble.

Tous ceux qui vivent une expérience de Dieu n'ont-ils pas des choses à nous apprendre sur Lui ? Le jésuite Michel Rondet est très attentif à cela, de même qu'un autre jésuite, Etienne Grieu, qui vient de publier une thèse à partir de récits de vie. L'Esprit ne parle-t-il pas de Dieu à travers n'importe quel chrétien ?

Oui, certainement. Ce qui serait intéressant, c'est que, quel que soit le champ du travail théologique, les auteurs soient en même temps des chercheurs, des spirituels et des acteurs pastoraux vivant et véhiculant au jour le jour une expérience de Dieu. Ceux qui ont le plus marqué la pensée théologique sont ceux qui ont eu en même temps une expérience de Dieu extrêmement puissante comme saint Thomas d'Aquin ou saint Augustin, et bien d'autres jusqu'à aujourd'hui. Malheureusement on a fait dès le 14e siècle en Occident une distinction entre théologie et spiritualité. D'un côté, les spirituels diffusent une littérature visant à alimenter la piété, très utile sans doute mais qui ne recherche pas toujours les racines profondes de l'expression de la foi et, de l'autre, les spécialistes de la science théologique pratiquent la recherche. La recherche est utile mais elle ne dispense pas de l'expérience mystique comme l'expérience spirituelle ne dispense pas d'une référence de foi objective.

On a tellement été obnubilé dans les années 70 par notre rapport au monde sécularisé et par la dimension immanente de la Révélation de Dieu qu'il est difficile maintenant de proposer un discours mystique sur la Réalité divine. Cela rejoint ce que nous disions sur l'urgence d'une pastorale en lien avec l'expérience spirituelle. On sort d'une période qui n'a pas aiguisé ces instruments-là, et on y revient à cause d'une nouvelle demande dans laquelle le dialogue interreligieux n'est sans doute pas pour rien.

Dieu a connu également des déboires en Mai 68 : on L'a « tué », ce qui n'était pas étonnant puisqu'il était le Père !

Nous étions en pleine réaffirmation de la mort de Dieu. Il nous restait seulement Jésus, très présent au milieu de nous comme attestation d'une vie plénière. Le père Varillon nous parlait de notre divinisation comme d'une pleine humanisation. Mais il faut aussi que l'on puisse parler de notre divinisation comme d'une pleine union à Dieu. Comment attester aujourd'hui la réalité de notre nature en devenir de divinisation ? Il y a là un défi considérable. Je regrette beaucoup que les moines, au moins en France, soient tellement absents du débat théologique car ils auraient des choses à dire avec la sensibilité qui leur est propre.

L'Esprit qui fait circuler la Vie

Et l'Esprit ? A quel moment intervient-il dans votre histoire personnelle ?

Lorsque j'étais adolescent, le curé de notre paroisse ne cessait pas de parler de l'Esprit Saint ; pour lui c'était une dimension essentielle pour la compréhension de la foi chrétienne. Au premier abord, je trouvais ce langage difficile à comprendre, mais progressivement j'ai fini par entrer plus avant dans le sens de ses paroles, qui se trouvaient d'ailleurs en parfaite harmonie avec toute sa vie. J'ai alors pu moi-même me mettre dans cette mouvance de l'Esprit, mais je dois reconnaître que cela a mis du temps. Plus tard, la rencontre avec l'orthodoxie m'a mieux fait prendre conscience de cet aspect de la foi au cœur même de la vie trinitaire dont nous sommes appelés à devenir participants.

Comment définissez-vous l'Esprit ?

L'Esprit c'est notre respiration commune. Le mot « esprit » est très intéressant : *spiritus* en latin, *pneuma* en grec, *ruah* en hébreu. C'est le souffle, le vent, c'est donc par analogie ce qui passe à travers nous et que l'on échange. C'est le moteur de la circulation de vie et d'amour. L'Esprit de Dieu rencontre notre esprit dans un échange de souffle. Pour moi, l'Esprit, c'est le dynamisme de la vie divine, c'est la réalité de la vie divine en mouvement. Je caractériserais volontiers notre rapport à la vie trinitaire par ces trois expressions : rencontrer le Christ, vivre dans l'Esprit et voir ou connaître Dieu.

La pointe mystique étant de voir et connaître Dieu ?

Pour moi, c'est sûr. Tout doit confiner à ce but de la vie humaine qu'est la vision de Dieu. Voir enfin Dieu tel qu'Il est, être en union avec Lui parce que nous sommes parfaitement à sa ressemblance. C'est vraiment le but de la vie, il n'y en a pas d'autre. En sachant que cette connaissance, cette union, cette vision nous sera commune à tous. Nous n'allons pas nous quitter, nous serons tous ensemble dans cette circulation d'amour trinitaire.

J'imagine que cette idée d'être tous rassemblés dans l'amour trinitaire vous comble de bonheur.

Bien sûr ! Nous ne serions pas nous-mêmes si nous n'étions pas avec les autres. Chacun de nous n'est pas « suffisant » pour être avec Dieu. Ce qui serait intéressant, c'est que l'on puisse manifester cette réalité dès ici-bas : ne pas avoir peur les uns des autres, être pleinement dans une relation d'union fraternelle.

Christ est de toute éternité

J'ai remarqué que spontanément vous parlez du Christ plus que de Jésus. Qu'est-ce que cela signifie ?

Il est incontestable que Jésus porte le mystère messianique dans sa totalité. Il est tellement lié à cette fonction que je reconnais vraiment Jésus comme Christ. Mais cette réalité messianique est plus large et antérieure à l'incarnation de Jésus, à la manifestation dans la chair du Fils de Dieu.

Vous me disiez que pour nous faire à son image, Dieu regardait son Fils.

C'est cela. Le Verbe, le Christ existe de toute éternité. Il faut bien employer des mots pour essayer de caractériser des relations vivantes au cœur de la Réalité divine, mais c'est vraiment un Dieu vivant qui ne cesse d'être en relation d'échange, et non une idée. Donc le Christ est présent dans la réalité du Verbe de Dieu qui reçoit tout de son

Père et qui rend tout au Père. Et ce Verbe incarné dans l'histoire ne va rien vivre d'autre. L'homme Jésus a été parfaitement reconnu comme Verbe de Dieu. Il est bien un homme, c'est incontestable, il a souffert, il a peiné, mais en même temps toute sa vie est une attestation de la réalité du Verbe de Dieu inscrit dans la chair.

La puissance du Christ existe donc dans le Verbe de toute éternité. La réalité du Christ existe à la création quand Dieu – c'est une image anthropomorphique – envoie sa Parole qui devient efficace pour créer les mondes, pour créer une réalité qui n'est pas Lui, qui est hors de Lui et qu'Il veut inviter à vivre de la même vie que Lui. C'est une aventure fabuleuse que Dieu propose, et pour faire cela Il prononce sa Parole qui est créatrice. Il est bien évident que Dieu ne parle pas au sens littéral ; c'est notre expérience qui nous indique que sa Parole est créatrice. N'est-ce pas une très belle manière de parler de l'œuvre de la Création ? La Parole de Dieu crée du neuf. Et une fois que l'œuvre est accomplie, la Parole revient à la bouche du Créateur, en disant : « Tout est accompli. » C'est ce que Jésus dira aussi. C'est la plus belle action de grâce, c'est la relation circulante entre le Père et le Fils. Tous les signes donnés au Peuple d'Israël par les figures d'Abraham, de Moïse, et de toutes les têtes de file du Peuple de Dieu qui sont d'ailleurs des pauvres, des fils cadets, des femmes stériles..., et puis par les prophètes, sont autant de manifestations christiques. Il y a une réalité messianique chez les prophètes, chez les rois, chez les prêtres, chez le peuple tout entier. Le roi David, qui est à la fois merveilleux et tellement scandaleux, est une figure messianique. C'est un des personnages que je préfère dans la Bible... Il est musicien, c'est le dernier de toute une fratrie, il se bat contre Goliath, il a une aventure difficilement soutenable mais tellement humaine avec Bethsabée. Il en pleure. Cet homme sera tiraillé, trahi, il se trompera, il recommencera, il sera renvoyé de Jérusalem, ses fils le traiteront comme un chien. Mais la vraie figure messianique se révélera surtout avec le serviteur souffrant d'Isaïe. On peut reconnaître en lui Jérémie, ou un autre prophète, ou le petit reste d'Israël, ou Jésus lui-même.

Peut-on aller jusqu'à dire que le Christ était d'une certaine façon incarné dans toutes ces figures de l'Ancien Testament avant même l'incarnation de Jésus ?

Je ne dirais pas cela parce que le mot « incarnation » signifie quelque chose de très précis, à savoir que toute la réalité du Christ est présente dans la chair d'un homme. Les autres manifestations messianiques ne sont que des préparations de ce moment tout à fait exceptionnel où la réalité du Fils, du Verbe, du Messie de Dieu, est totalement présente dans la chair. Ce qui est encore plus impressionnant c'est qu'au-delà de Jésus, après cette incarnation il y a deux mille ans, le mystère du Christ se poursuit, sous forme sacramentelle, dans son Corps qui est l'Eglise.

Peut-on dire que le Christ est également présent aujourd'hui chez des spirituels non chrétiens ?

Il faudrait plutôt parler des touches de l'Esprit que du Christ. La réalité christologique est inscrite dans la sacramentalité. Cela passe par des signes que Dieu semble vouloir poser dans l'histoire des hommes pour transmettre la Bonne Nouvelle. Tandis que les marques de l'Esprit courent partout, et, sans être liées obligatoirement à la sacramentalité, elles disent beaucoup de choses sur la Réalité de Dieu en dehors même de la sphère chrétienne.

Des manifestations comme les stigmates viennent-elles par l'Esprit ou d'une sorte de configuration au Christ ?

Hum !... En tout cas, ces manifestations renvoient à l'essentiel, à la réalité du Christ qui livre sa vie. S'il n'y avait que la manifestation des stigmates, cela n'aurait pas beaucoup d'intérêt ; ce qui est important c'est que les personnes marquées par les stigmates soient des témoins vivants du Christ livrant sa vie. Les stigmates sont un signe de leur appartenance, de leur conformité au Christ d'une manière très forte. Mais il serait grave de baser sa foi au Christ uniquement sur ce genre de manifestation. Tout ce qui est de l'ordre du spectaculaire en matière de foi chrétienne n'a pas beaucoup de poids. Le Christ n'a jamais donné dans le spectaculaire. Dès qu'Il sent qu'il peut y avoir un piège de crédulité, Il échappe à ses interlocuteurs. Quand Il perçoit qu'ils vont le faire roi, Il se sauve.

Jésus aurait pu donner facilement dans le spectaculaire. Même une bonne journée de guérison ne se termine pas par une intronisation royale. Au contraire Jésus se sauve dans la montagne pour aller prier. Et lorsqu'on arrive à Le retrouver le lendemain, Il dit à ses disciples : « Allons ailleurs, partons dans les villages voisins, ne restons pas là, ne nous installons pas dans ce succès-là. » C'est pourquoi il est nécessaire pour nous-mêmes de ne pas nous installer dans le succès d'entreprises pour lesquelles ce qui se voit serait le principal argument. Une réunion de huit personnes n'est pas moins importante qu'un rassemblement de trois cents ou de trois mille. Les Apôtres n'étaient que douze. Et la plupart fuiront au moment crucial. Notre vie en Christ comporte une dimension bien plus fondamentale que celle de la médiatisation ou du succès. Jésus n'a jamais rien écrit, il n'a jamais rien laissé pour la postérité. Jésus n'a écrit que sur le sol et aucun journaliste ne l'a jamais interrogé. Heureusement, malgré tout, que d'autres ont écrit après lui !

Quelle leçon pour nous dans cette attitude de Jésus ?

Ce qui serait souhaitable, c'est de vraiment suivre le Christ dans sa démarche fondamentale ; au fond, on ne Le trouve jamais là où Il est attendu. Vous allez quelque part pour Le chercher parce que vous avez idée qu'Il est là, mais Il est ailleurs. Il est toujours au-delà de votre idée, toujours en avant. Il est le berger par excellence, qui marche toujours en avant. Et le lieu le plus improbable, c'est la croix bien sûr. Personne, à commencer par saint Pierre, ne pouvait l'imaginer sur la croix.

Les Apôtres, malgré toutes les paroles entendues, malgré tous ces moments passés avec Jésus, étaient loin d'avoir tout compris, même après la Résurrection. Avant de « rejoindre le Père », Jésus semble prendre acte de ses propres limites ; les Apôtres, pour « connaître » pleinement, auront besoin de l'« Esprit de Vérité » qui ne fera que reprendre ce que Jésus a dit mais en ouvrant le cœur des disciples à une compréhension nouvelle (Jean 16, 12-15). N'est-ce pas étonnant – et quelque part magnifique – que Jésus n'ait pas pu, du temps de son incarnation, donner cette connaissance plénière de son message ?

Par définition, l'incarnation du Verbe de Dieu est circonscrite dans l'espace et dans le temps. Mais l'œuvre de Dieu dépasse ces limites-là. L'Esprit Saint est le souffle de Dieu qui dépasse le temps et l'espace sans pour autant en être absent. L'Esprit Saint est vecteur de la connaissance de Dieu comme un Souffle de Dieu qui rencontre le souffle de l'homme. Pour connaître Dieu Père, il est nécessaire de recevoir le témoignage de son Fils en se laissant rencontrer par Lui ; et de vivre dans la puissance de l'Esprit Saint, dont on ne sait ni d'où il vient ni où il va, mais qui nous guide sur le chemin du Christ vers le Père.

Le Christ de la fin des temps

Iriez-vous jusqu'à parler d'un Christ cosmique comme Teilhard de Chardin qui le percevait comme « animateur et collecteur de toutes les énergies biologiques et spirituelles élaborées par l'univers » ?

Je ne m'exprimerais pas tout à fait comme cela. L'expérience scientifique de Teilhard de Chardin le marquait beaucoup. Mais je dirais volontiers que nous sommes tout entiers tournés vers la venue définitive, totale, de Celui qui récapitule l'ensemble de l'œuvre créée, Lui que l'on appelle Christ. Et nous serons en Lui tels que nous sommes, tels que nous sommes vraiment. Nous le verrons tel qu'Il est et nous serons nous-mêmes en Le voyant semblables à Lui. Je crois qu'un des malheurs de notre foi actuellement c'est de ne pas intégrer la venue dernière du Christ.

Il y a chez Teilhard l'idée, souvent reprise et d'ailleurs déformée par certains acteurs du Nouvel Age, de particules christiques répandues dans toute la Création.

Puisque c'est le Verbe qui a tout créé, il ne peut pas être absent de la création ! Mais pas de façon anonyme. S'il y a des semences du Verbe en toute réalité, ce Verbe porte un nom, ce n'est pas une réalité indéfinie comme cela se présente souvent dans l'enseignement des gnostiques. J'ajoute – et cela me réjouit – que non seulement tout ce qui a été créé par Dieu, mais aussi tout ce qui aura été créé par l'homme dans l'ordre du bien, de l'amour, ne disparaîtra jamais. Toutes nos œuvres bonnes s'inscrivent dans la transfiguration de la Création. Evidemment elles ne se présenteront plus comme des œuvres matérielles mais elles seront d'essence spirituelle. Quant au Christ en sa venue dernière, je le vois sous les traits à la fois de l'homme et de la femme.

Pouvez-vous préciser ?

Je m'explique. La femme représente celle en qui croît l'humanité jusqu'à sa naissance dernière. Dans l'Eglise, il y a une vocation féminine qui consiste à laisser apparaître progressivement la figure du Corps du Christ tel qu'il se manifestera à la fin des temps dans son lien étroit avec le Christ, Premier-né d'entre les morts qui nous introduira dans sa gloire de Ressuscité. L'Apocalyse évoque cette venue sous les traits d'une femme qui est prête à rencontrer son époux. « Je vis la nouvelle Jérusalem descendre du ciel d'auprès de Dieu, elle était comme une fiancée parée pour son époux... Et j'entendis du ciel une voix qui disait : "Voici la demeure de Dieu parmi les hommes... Ils seront mon Peuple et moi avec eux je serai leur Dieu." » Oui, c'est une femme qui porte avec celui qu'elle aime cette figure de la dernière venue du Christ. Celle qui descend du ciel se manifeste comme demeure de Dieu avec les hommes. Je crois beaucoup que ce signe féminin de la présence du Corps du Christ en sa venue dernière étroitement uni à Jésus ressuscité a une grande portée pour la vocation féminine dans le quotidien de la vie de l'Eglise. Concrètement cela peut prendre toutes sortes de formes, y compris celle de très importantes responsabilités dans la vie de l'Eglise.

Je croyais que la femme de l'Apocalypse, c'était la Vierge.

Non, c'est une femme parmi les femmes qui représente une réalité accomplie. On ne peut pas mettre les traits de Marie sous ceux de la Jérusalem nouvelle. Marie est partie prenante de cette réalité mais pas elle seule ; toutes les femmes sont porteuses de cette réalité.

Dans l'Ancien Testament, la Jérusalem représente le Peuple avec qui Dieu veut faire alliance. La Jérusalem de l'Apocalypse n'est-elle pas cette épouse avec qui l'alliance est enfin pleinement réalisée ?

On peut dire qu'à la venue dernière du Christ, l'accomplissement de l'alliance se réalise parfaitement. La Jérusalem nouvelle représente l'humanité rassemblée en un seul Corps. La figure féminine a une pertinence extraordinaire dans ce symbole d'alliance, représentation de la réalité finale. La femme est une figure du Christ-Corps, à la fin des temps.

J'ai du mal à vous suivre dans cette figure féminine du Corps du Christ.

C'est sans doute parce que je n'ai rien dit sur l'homme.

Peut-être, expliquez-moi votre vision.

L'homme et la femme représentent des pôles différents dans la complémentarité de l'humain : l'homme est symboliquement au départ de l'histoire de l'humanité. La Genèse le décrit d'ailleurs ainsi dans le discours théologique sur la création. Si l'homme est au point de départ de l'humanité, il est assez logique que la figure du Christ se présente sous des traits masculins dans l'incarnation, il vient vers nous pour une alliance nouvelle. Puis se déroule l'histoire de l'humanité qui vise au rassemblement de tous les hommes dans l'amour. On rejoint là une réalité bien illustrée sous les traits de la femme qui aime et qui réunit. La femme met au monde une réalité nouvelle en relation avec l'homme. La mise au monde d'un être nouveau est un miracle, une attente extraordinaire dans l'espérance, à plus forte raison quand il s'agit de l'advenue d'une humanité nouvelle. Tout au long de l'histoire de l'humanité, l'homme et la femme assument ces pôles complémentaires. L'homme lance un peu maladroitement quelque chose, au hasard, et une réalité nouvelle advient par celle qui rassemble et qui fait croître.

C'est l'image de la fécondation humaine : l'homme jette des milliers de spermatozoïdes. Il y en a un qui va être recueilli et grandir dans l'utérus de la femme.

Au départ il y avait le pôle masculin qui ouvrait la danse, puis le pôle féminin qui, en dansant avec lui, est porteur de l'accomplissement de toutes choses.

Pain et vin porteurs de la réalité du Christ

Si j'ai bien compris, vous voyez un Jésus masculin mais un Christ-Corps féminin !

En quelque sorte, la réalité du Christ-Corps est une figure féminine. Le Christ en effet est aussi vivant dans son Corps, c'est-à-dire nous-mêmes, et ce Corps n'a pas la même apparence que l'individualité d'un personnage apparu sur terre un jour du temps.

On pourrait aussi parler de l'eucharistie, où le Christ se laisse encore appréhender sous une autre forme. Je crois profondément, et j'ai de moins en moins de mal à le croire, que le Christ est présent dans toute sa réalité sous les espèces du pain et du vin dans le sacrement de l'eucharistie. C'est la réalité du Christ total dans son mystère de Pâques depuis l'origine jusqu'à la fin de la création qui se trouve présente dans le pain et le vin. Sous ces apparences du pain et du vin sur lesquels on dit la prière eucharistique, c'est-à-dire la prière d'action de grâces, nous reconnaissons tout le mystère du Christ. La personne de Jésus est bien présente dans ce mystère mais pas d'une manière matérielle. Lorsqu'un enfant communie pour la première fois et qu'on lui demande de raconter son expérience, il dit parfois : « J'ai reçu Jésus dans mon cœur. » Cette expression me semble bien maladroite, une telle définition de l'eucharistie ne pourra guère le suivre tout au long de sa vie.

Que faudrait-il donc dire aux enfants pour leur expliquer l'eucharistie ?

Il faudrait d'abord évoquer le mouvement qui est inscrit dans la vie du Christ : Il se reçoit d'un Autre et Il revient à cet autre dont Il est sorti. On peut leur expliquer ce mouvement par l'image évangélique de la graine jetée en terre ; elle sort de la terre, devient un épi, et tous les épis sont broyés ensemble pour faire un seul pain, pour être mangés et revenir à la terre. Le Christ est une graine venant du Père, Il a été semé, au milieu de nous. Tous les grains que nous sommes sont rassemblés en un même pain et retournent ensemble au Père. Nous sommes inscrits dans la réalité des semailles du Christ en notre humanité. Pourquoi refuserait-on de communier à cela ? La réalité sacramentelle est indispensable à la vie humaine. Il ne faut pas minimiser le mystère de la réalité sacramentelle. Dans l'eucharistie, le pain du Christ n'est plus seulement du pain, il n'est pas non plus seulement un symbole de la réalité du Christ. Ces aliments tout simples de notre nourriture quotidienne que sont le pain et le vin sont porteurs d'une réelle présence du Christ dans sa vie éternelle et dans sa Pâque. Le Christ signifie cette présence active par ces paroles : « Ceci est mon corps livré pour vous ; ceci est la coupe de mon sang, le sang de l'Alliance nouvelle et éternelle qui sera versé pour vous et pour la multitude en rémission des péchés. » Ce n'est pas seulement le Corps et le Sang du Christ, c'est le Corps livré et le Sang versé, c'est-à-dire toute la personne du Christ livrée dans un oui d'amour rendu à son Père et à ses frères manifestant la victoire de la Vie sur la Mort par la transfusion du principe vital qui traverse son être ; c'est bien ce que signifie son sang. Le chapitre 6 de l'Evangile de saint Jean est assez impressionnant à cet égard. Il dit toute la réalité de l'eucharistie d'une manière très profonde et accessible en la replaçant dans l'expression de la culture du temps.

La place des femmes

Après cette vision à la fois simple et grandiose, ma question paraît un peu anecdotique et triviale, mais je vous la pose quand même. Si la femme représente le Christ-Corps, l'argument traditionnel de l'Eglise, selon lequel « il n'y aurait pas cette ressemblance naturelle qui doit exister entre le Christ et son ministre si le rôle du Christ n'était pas tenu par un homme » (Paul VI en 1976), ne tombe-t-il pas ?

Je ne suis pas sûr ! Je pense que dans la représentation des pôles, le ministère presbytéral est très lié au fonctionnement de la personne de Jésus sur la terre et à mon avis le fait qu'une femme soit prêtre ne donne pas forcément la meilleure lisibilité à ce ministère : comme disait mon prédécesseur, Dom Pierre Miquel, les femmes ont beaucoup mieux à faire que cela.

C'est l'argument ecclésiastique classique qui a le don d'exaspérer beaucoup de femmes, car elles y entendent : « Laissez-nous le pouvoir ! »

Bien sûr puisque l'on a fait du ministère un lieu de pouvoir ! Ce pouvoir subi apparaît pour certaines – et pour certains – tout à fait intolérable. Très honnêtement, je ne crois pas que l'ordination des femmes serait une bonne solution. Elle serait au contraire un obstacle au vécu de ce que les femmes représentent théologiquement, c'est-à-dire le Christ au-delà des contingences immédiates.

Dans l'Eglise, pour partager le pouvoir avec les femmes

sans oublier leur vocation symbolique, je proposerais de réouvrir aux laïcs, hommes et femmes, le cardinalat. Mais, déjà, des femmes exercent d'importantes responsabilités dans l'Eglise et cela ira en progressant.

J'insiste sur la figure du Christ venant à la fin des temps et dont il faudrait que l'on ait davantage conscience, car comment pourrions-nous accepter de tout abandonner pour suivre un Jésus uniquement terrestre ? Cela n'a de sens que s'il y a la perspective d'un rassemblement dernier dans l'amour circulant entre nous grâce à Lui, avec Lui. Il faudrait que le symbole de la figure féminine puisse nous parler de cela. Les hommes ont vite fait de nous enfermer dans la représentation d'un Christ Jésus terrestre. C'est tellement facile d'avoir une Eglise organisée sous le mode de la distribution des charges. Il y en a un qui préside... et les autres qui suivent. En christianisme, il n'y a de président que le Christ. Dans la Règle de saint Benoît, il n'y a de père et de maître que sous les traits du Christ. Je suis bien mal placé pour parler de cela, avec la redondance du titre que l'on me donne : père abbé ! Mais la Règle de saint Benoît précise que l'abbé ne sera pas « devant tout le monde » (*praeesse*) mais « pour tout le monde » (*prodesse*). Il faudrait donc trouver un mot calqué sur *prodesse* pour désigner l'abbé.

Mais « père abbé », ce n'est pas la même chose que « président de l'eucharistie » !

Vous avez raison, ce n'est pas tout à fait la même chose. Cependant il y a des points communs. Le père abbé représente le Christ pasteur dans la communauté monastique. Les ministres ordonnés représentent aussi le Christ pasteur et serviteur. Mais tous ceux qui représentent ainsi le Christ doivent lui céder la place pour qu'il soit lui-même pasteur de son Eglise. Celui qui est revêtu d'une telle charge n'est pas *avant* tout le monde, il est *pour*.

Dans la réalité concrète de l'Eglise d'aujourd'hui, celui qui gouverne et qui préside, c'est bien le prêtre !

Et voilà, on retombe dans la question « Qui gouverne ? » parce que l'homme est l'homme et qu'il est sans arrêt soumis à sa contradiction interne. La vraie question – et je me la pose moi-même dans la charge que j'exerce – c'est de savoir comment faire pour que le Christ soit vraiment l'abbé de la communauté. Jusqu'où aller dans telle ou telle circonstance ? Quelle parole dire pour que ce ne soit pas moi qui m'empare de la situation ? Cela a été ma première question après mon élection, et ce fut une de mes premières déclarations à la communauté : « Nous n'avons qu'un abbé, c'est le Christ, Lui en qui se manifeste le Père des cieux. » Par la suite je me suis posé une deuxième question : jusqu'où aller dans l'expérience du Christ en exerçant la fonction que j'exerce ? Evidemment la réponse, c'est : jusqu'au bout. Mais comment ? Comment aller jusqu'à la croix ? Comment vivre cette expérience de dépouillement d'une manière juste, sans démission par rapport au devoir que l'on est tenu d'accomplir vis-à-vis des autres et au service qu'on est appelé à rendre ? Je n'ai pas trouvé la réponse juste en toutes circonstances.

Pour en revenir aux femmes, il y en a une qui a un rôle de première importance, la Vierge Marie. Comment voyez-vous son rôle ?

Il est important qu'il n'y ait pas inflation sur la Vierge Marie parce que c'est une créature qui a vécu quelque chose d'absolument unique, une expérience spirituelle unique ; il faut rester très respectueux de l'intimité de cette expérience unique. On ne peut mettre à toutes les sauces de nos curiosités la personne de la Vierge Marie. Je trouve que la liturgie de l'Eglise se déploie bien autour du mystère de Marie. Il y a une part de reconnaissance de son exemplarité comme première disciple du Christ, ce qui ne manque pas d'être impressionnant et encourageant. Il y a une part d'originalité de cette expérience spirituelle qui va très loin dans la relation avec Dieu, et puis il y a l'évocation symbolique de ce qu'elle représente pour notre devenir final : elle est déjà ressuscitée. Elle nous indique quelque chose de ce devenir final, c'est un beau signe symbolique, théologique.

La liturgie reste sobre quant au côté affectif d'un mouvement spontané de notre cœur vers celle que l'on aime comme une mère.

Quand vous parlez de discrétion, vous pensez à toutes les supputations sur sa virginité, sur d'autres enfants ?

Aucune femme n'aimerait que l'on parle de ces choses-là sur la place publique. De plus on n'y a pas accès. L'Evangile a dit merveilleusement bien ce qu'il y avait à dire sous la forme d'un très beau récit que l'on est évidemment en devoir d'actualiser sans cesse ; le recevoir dans ce qu'il a à dire et non dans ce qu'il n'a pas à dire. Ce qui est en jeu, c'est à la fois une réalité humaine extrêmement profonde et très personnelle, et en même temps une réalité spirituelle qui nous concerne.

Vous priez la Vierge Marie ?

En fait, on ne prie pas directement la Vierge Marie ; on la sollicite pour intercéder auprès de Dieu. Je prie Dieu le Père par Jésus-Christ dans l'Esprit Saint et par l'intercession de la Vierge Marie. Ce n'est pas tout à fait juste de dire que l'on prie la Vierge ou les saints. On prie le Père, notre prière est adressée au Père. Je peux m'adresser à la Vierge Marie comme à une autre créature, je peux lui demander des conseils, j'aime bien être en relation, en intimité avec elle, mais elle ne peut pas prendre la place de Dieu pour exaucer ma prière. Marie est une créature. Elle peut simplement porter devant le Père par son Fils les intentions que je lui recommande.

CHAPITRE 14

Sous la conduite de l'Evangile

Après la vision mystique du Christ éternel, si nous parlions un peu de Jésus dans son Evangile ?

Oui, s'il y a une assurance en cette vie, c'est bien cette personne de Jésus qui traverse notre monde avec tant de justesse et de plénitude. Non pas à la manière d'un héros, mais à la manière d'un homme comme tous les hommes, avec les mêmes soucis, les mêmes peines, les mêmes interrogations. Je suis frappé de voir à quel point Jésus n'est rejeté par aucun de nos contemporains. Son histoire et ses paroles sont reçues par tous avec infiniment de respect et parfois même de tendresse. Je dois vous avouer que pour moi Jésus est un point d'appui considérable dans la traversée de cette vie. J'ai même parfois l'impression de n'avoir aucun autre véritable appui sinon l'amitié partagée dans la juste relation avec d'autres : mais même cette amitié-là me parle de lui. Il y est présent d'une certaine manière. C'est lui qui me l'a apprise. Jésus est pour moi l'ami sûr par excellence, celui qui ne trahit jamais, celui qui ne trompe jamais, celui à qui l'on peut vraiment tout confier sans risque, celui qui accepte que l'on ne soit pas parfait, celui qui aime même quand nous-mêmes avons de la peine à aimer. Jésus est un don pour tous dans l'histoire de notre humanité. Et lorsqu'on reçoit un tel don, l'envie est grande de le partager le plus largement possible.

Je connais quelques personnes qui ne fréquentent pas l'Eglise, mais qui éprouvent pour Jésus une immense reconnaissance, à tel point que la relation que nous avons passe par cette reconnaissance partagée : je pense qu'il y a là quelque chose de tout à fait important, même si, bien évidemment, mettre son espoir en Jésus pour cette vie seulement ne peut suffire à nos yeux. Saint Paul le dit lui-même : « Celui qui met son espérance en Christ pour cette vie seulement est le plus à plaindre de tous les hommes. » Saint Paul veut signifier par là que Jésus s'est révélé comme Christ afin d'être pour nous lumière vers la vraie vie au-delà de toute mort.

Comme vous l'avez souvent évoqué, c'est essentiellement par l'Evangile que passe notre chemin vers le Père.

Le chemin vers le Père, tel est bien le seul sens de notre vie en ce monde. Nous aspirons à pouvoir prendre ce chemin tellement il est rempli de lumière. Il se trouve que Jésus lui-même se désigne comme le Chemin et comme la Lumière. L'Evangile nous permet de connaître ce chemin et de le suivre en toute paix. Ainsi nous allons au Père sous la conduite de l'Evangile dans la fraternité du Christ. Pour ma part, je ne vois rien d'autre en ma vie qui puisse avoir autant de prix !

Mais comment suivre ce chemin, sinon en ouvrant le livre et en écoutant la Parole qui s'y déploie ? En l'écoutant et en l'échangeant. Dans la mesure où la Parole se donne, nous sommes appelés à ne pas la retenir mais à la partager. Et c'est en partageant la Parole que nous allons vers le Père. Car cette Parole c'est la sienne, tout autant que la nôtre.

Sous la conduite de l'Evangile

Quelles ont été pour vous les étapes de découverte de l'Evangile ?

Aussi loin que je remonte dans mon enfance, je rencontre l'écho de la présence de quelques paroles d'Evangile. J'ai d'abord entendu l'Evangile dans le cadre de la liturgie que j'ai fréquentée dès mon jeune âge, comme je l'ai déjà dit. Et puis, j'ai eu la chance tout au long de mon enfance et de ma jeunesse de rencontrer et d'entendre de véritables témoins de cet Evangile. Je pense en particulier à un religieux oblat de Marie Immaculée qui terminait ses études de théologie à l'abbaye de Solignac près de Limoges : il m'a vraiment ouvert, par sa vie et par son témoignage, à la compréhension des Ecritures. Mais un moment-clé de la réception des Evangiles fut pour moi la fréquentation de sainte Thérèse de l'Enfant Jésus. J'ai conservé une vieille édition de *L'histoire d'une âme* qui m'était tombée entre les mains alors que j'avais quinze ou seize ans. Ma vie était déjà occupée par toutes sortes d'activités passionnantes, mais cette lecture m'a bouleversé et m'a introduit à une perception très radicale de l'Evangile. Il se trouve qu'un peu plus tard, je suis entré en contact avec une communauté de Carmélites, et le témoignage de sainte Thérèse est devenu pour moi encore plus concret et vivant. Sans cette communauté, dont je reste encore très proche fraternellement, le goût que j'ai aujourd'hui de l'Evangile ne serait sûrement pas le même ! Je voudrais ajouter que si les textes évangéliques sont évidemment très privilégiés pour moi, ils ne sont pas les seuls : toute la Bible est d'une certaine manière Bonne Nouvelle, Evangile de Dieu. Je suis de plus en plus marqué par la cohérence de l'ensemble de la Révélation biblique. Cette cohérence n'apparaît pas tout de suite. Elle se manifeste à force de fréquentation des textes. Elle s'impose vraiment et tout ce qui, pris séparément, pourrait surprendre, heurter ou même rebuter, prend sens au regard de l'ensemble. Jésus dit bien : « N'allez pas croire que je sois venu abolir la Loi ou les prophètes, je ne suis pas venu abolir mais accomplir. » D'une certaine manière, tout est déjà présent dans la Bible hébraïque, mais Jésus en donne une interprétation par laquelle je suis profondément touché tellement cela sonne juste.

Jésus occupe donc pour nous une place tout à fait unique. Dans les Evangiles ou dans les écrits de saint Paul, il est présenté comme l'accomplissement de la figure messianique. Cette figure était déjà évolutive dans l'alliance avec le peuple d'Israël, jusqu'à trouver un point d'aboutissement sous les traits du serviteur souffrant d'Isaïe, tellement proche de la vie et de l'œuvre de Jésus ! Nous sommes appelés à comprendre la Révélation biblique de l'intérieur, comme un Evangile unique, une Bonne Nouvelle pour tous ainsi que le dit Isaïe : « Comme il est beau de voir courir sur les montagnes le messager qui annonce la paix, le messager de la bonne nouvelle, qui annonce le salut.... » (Is. 52,7ss).

Le bon berger

Pour ma part je suis très touchée par l'humanité de Jésus qui se laisse approcher, toucher, qui a pitié des ces foules « sans berger ». Il les instruit, les guérit, leur donne à manger... Puis, régulièrement, après des scènes de foule, il disparaît dans la montagne pour aller prier. Jésus est pleinement humain mais toujours en union avec son Père.

Oui, c'est cela, Jésus est totalement proche de notre humanité la plus fondamentale. Cela le rend extrêmement tendre pour chacun de nous comme un frère, mais en même temps il ne cesse de nous entraîner plus loin. Il nous parle de son *Abba*, de son Père qui est aussi le nôtre. Il se retire pour prier mais sans jamais se refuser à ceux qui ne peuvent se résoudre à le voir disparaître un instant. Tout ce qu'il dit et fait est rempli de sens : Jésus indique un chemin, il se fait Chemin au milieu de nous. N'est-ce pas ce qui est le plus précieux dans notre vie ? Etre proche de chacun et toujours autre, attentif à un ailleurs qu'on n'a jamais fini de découvrir ensemble.

Quelle magnifique « scène » que la parabole du bon berger au chapitre 10 de saint Jean ! Les brebis sont dans leur enclos. Parfois des malfaiteurs s'introduisent subrepticement en escaladant le mur et portent atteinte aux brebis. Comme le mal (Satan ?) parfois s'introduit dans nos vies personnelles et collectives à notre insu et les blesse ou les saccage.

Le bon berger, lui, entre par la porte, sans rien forcer. Sa voix éveille la confiance des brebis qui le suivraient n'importe où. Plus tard dans le récit, Jésus a cette formule étonnante : « Je suis la porte » et : « si quelqu'un entre en passant par moi il sera sauvé. Il pourra aller et venir et il trouvera un pâturage ». C'est un formidable appel à la liberté : entrez, sortez, faites ce que vous voulez... à condition de toujours passer par moi. Mais concrètement, comment savoir si nous passons bien par la porte du Christ ?

Vous évoquiez les foules sans berger et la compassion du Christ pour elles. Il y a un grand paradoxe dans nos vies humaines. Nous voudrions vivre parfaitement autonomes, sans relation de « dépendance » à l'égard de quiconque, et en même temps, nous aspirons à rencontrer un vrai berger, quelqu'un qui connaisse mieux que nous les lieux d'abondance où nous pourrons être rassasiés et désaltérés. Jésus a été reconnu par ses disciples comme berger. Ce berger-là ne cherche pas d'abord son intérêt propre, il cherche le bien des brebis dans leur propre croissance, et de ce bien viendra un autre bien, toujours meilleur. Alors la confiance en lui peut être immense. C'est pourquoi ce pasteur travaille à ciel ouvert, dans un enclos où l'on respire, sans crainte de gêner qui que ce soit. Il se fait aussi lieu de passage, porte ouverte pour permettre d'entrer et de sortir librement de l'enclos. Les faux messies qui s'introduisent dans l'enclos par effraction voudraient séquestrer les brebis afin de bien les retenir : avec eux aller et venir est exclu.

La liberté est un thème évangélique qui pourrait en étonner plus d'un ! Ainsi cette phrase superbe (Jean 8, 31) : « Si vous demeurez fidèles à ma parole, vous êtes mes disciples ; alors vous connaîtrez la vérité et la vérité vous rendra libres. » Il y a là comme un emboîtement de poupées russes : fidélité, disciple, vérité, liberté. Quatre mots que vous aimez, qui sont revenus souvent dans nos entretiens. Vous les emboîtez aussi ?

Oui, ils se tiennent les uns les autres et se résument bien dans l'invitation de Jésus à « demeurer ». C'est en demeurant avec Lui, en son amour, que la fidélité prend sens et devient désirable et possible. On ne peut envisager la fidélité uniquement du côté d'un devoir à accomplir ; elle est dans le dynamisme d'un amour qui ne cesse de croître. Et, de ce fait, on devient disciple. Etre disciple signifie marcher avec quelqu'un : il ne s'agit pas de suivre aveuglément mais de marcher avec, ensemble, pour goûter la vérité et la liberté du Royaume d'amour qui est Dieu. J'aime vraiment cette perspective.

Il est un autre texte dans lequel l'humanité et la tendresse de Jésus sont bouleversantes, c'est le récit des disciples d'Emmaüs dans l'Evangile de Luc. Jésus marche avec eux, comme souvent il marche avec nous, sans que nous le sachions, notamment dans les moments où tout nous paraît sombre. Puis ils discutent et le cœur des deux hommes se réchauffe en écoutant ce compagnon. Alors, avec le soir, revient l'angoisse et ils supplient : « Reste avec nous. » Et Jésus, toujours tellement humain, cède à leur requête. Mais c'est aussi pour les emmener ailleurs... vers l'Essentiel : « Et ils le reconnurent. »

Il y aurait tellement à dire sur ce passage évangélique. Pour ma part, je suis très impressionné par deux éléments de ce texte. Le premier est le schéma eucharistique sur lequel il est construit. On reconnaît en effet une liturgie de la Parole et une liturgie de la fraction du Pain. Jésus préside cette liturgie de bout en bout. Il le fait sans pression, en étant seulement ce qu'il est. Sa parole suscite le feu intérieur et son geste de partage entraîne une transfusion de vie et une reconnaissance au-delà de la mort. Toute eucharistie est une route d'Emmaüs sur laquelle le Christ se rend présent.

Un autre aspect de ce récit retient également mon attention. Saint Luc parle en termes d'aveuglement et de désaveuglement. Une fois de plus, le salut en Jésus-Christ est présenté comme le fait de recouvrer la vue. Lorsqu'ils marchaient sur la route, les disciples croyaient y voir clair sur les événements des derniers jours et s'étonnaient de l'ignorance de leur compagnon de route. Et lorsque le Christ disparaît à leur regard, on pourrait penser que les disciples vont retrouver un certain aveuglement comme par le passé. En fait, c'est l'inverse qui a lieu. Ceux qui croient voir selon la matérialité des réalités ne voient rien et ceux qui croyaient ne plus rien voir au-delà de cette matérialité se mettent à voir clair : les écailles leur tombent des yeux. Alors leur vie est bouleversée et elle trouve son vrai sens. Toute notre vie devrait ressembler à celle des disciples marchant sur la route d'Emmaüs avec Jésus le Christ. Il n'y a rien de plus stimulant que cette rencontre lumineuse pour annoncer à tous la joie de la Bonne Nouvelle du ressuscité !

Les rencontres de Jésus

Y a-t-il d'autres passages de l'Evangile dans lesquels Jésus vous touche particulièrement ?

J'aime beaucoup l'Evangile de saint Jean. Les rencontres de Jésus avec tel ou tel personnage me touchent infiniment. Celle qui me touche le plus est la rencontre avec Marie-Madeleine après la résurrection au chapitre 20. C'est un passage de lumière. Marie-Madeleine se trouve en face de Jésus ressuscité, celui-ci reste très proche de la condition humaine qu'il n'a d'ailleurs pas quittée. Jésus reste un homme dans sa résurrection. Quand nous serons ressuscités, nous garderons toutes les composantes de notre humanité, non pas selon la matière, mais selon l'être spirituel. La rencontre sera donc toujours possible. Cette rencontre entre Jésus et Marie-Madeleine se fait à travers la prononciation du nom, c'est cela qui me touche le plus. Marie reconnaît Jésus quand ce dernier l'appelle par son nom, alors qu'elle ne l'avait pas reconnu précédemment, même au son de sa voix. Il y a un échange à travers l'énonciation du nom. Je suis extrêmement touché par cette manière dont Jésus se donne à reconnaître par la nomination d'amour. C'est la voix du bon berger qui connaît ses brebis et que ses brebis connaissent. Il y a à la fois une révélation immense et une proximité, une tendresse, une humanité extraordinaires. Il y a une circulation de vie qui existe toujours au-delà de la mort et donc un échange d'amour avec toutes ses interrogations, tous ses désirs, dans cet espace qui signifie le creux et le plein, le trou du tombeau vide et la pleine lumière de la sortie de ce tombeau. Puis Jésus dit à Marie-Madeleine : « Cesse de me tenir, je ne suis pas encore monté vers mon Père et votre Père. » La perspective est immense : il s'agit de laisser circuler en nous la propre vie divine. Tenir, retenir le Christ, c'est se priver de ce qu'il y a de meilleur en Lui et de participer à sa vie. Détachons tous nos liens et retrouvons dans la relation essentielle cette présence intime de Dieu qui veut partager sa vie avec nous.

Je suis également très touché, au début de l'Evangile de saint Jean, par la rencontre de Jésus avec la Samaritaine.

Pour nous les femmes, ce dialogue de Jésus avec la Samaritaine est bouleversant.

Pour un homme aussi ! Jésus donne à sentir là ce qu'est un homme. Un homme doit être capable de se laisser rencontrer, de n'écraser personne, de laisser venir les choses et de les porter à sa manière. Quand Jésus dit à cette femme : « Donne-moi à boire », c'est la démarche la plus respectueuse qui soit. Lui qui n'a besoin de personne, de rien, fait cette demande si banale : « Donne-moi à boire. » Et elle perçoit tout de suite qu'il se passe quelque chose d'immense et d'extraordinaire : ce juif ose se faire le mendiant d'une femme samaritaine ! S'il lui mendie quelque chose, c'est qu'il a soif ; il a vraiment faim et soif d'une rencontre. Il n'y a rien de plus beau qu'un vrai désir de rencontre dans l'amitié. Ce qui advient ensuite est magnifique. Ils apprennent à se recevoir tels qu'ils sont. Jésus va jusqu'à se permettre cette réflexion si libre : « Tu me dis que tu n'as pas de mari. Tu dis vrai, tu en as eu cinq et l'homme que tu as maintenant n'est pas ton mari. » Le Fils de Dieu en personne rencontre une femme qui a eu cinq maris, pas moins. Elle a eu cinq maris, elle est samaritaine, elle a tout pour déplaire, cette femme ! Et Jésus s'entretient avec elle, il se fait mendiant d'elle et ils se découvrent réciproquement dans ce qu'il y a de fondamental au cœur de leur vie actuelle puisqu'elle le reconnaît progressivement jusqu'à lui dire : « Je vois que tu es un prophète » et ensuite : « Je sais qu'il vient le messie, celui qu'on appelle Christ. » Et Jésus va lui répondre : « Moi qui te parle, je le suis. » Ce qui est également merveilleux, c'est que la lumière de cette rencontre va rejaillir et sur les apôtres et sur les Samaritains du village.

C'est un éclairage de la vocation féminine dont nous parlions tout à l'heure : les femmes ont souvent la puissance, la force de faire advenir ce qui était encore caché.

Sauver : sortir de l'aveuglement

Est-ce pour cela que nous disons que Jésus sauve, que Jésus est Sauveur ?

Il y a plusieurs sens au mot « sauver ». On peut dire que l'on sauve quelqu'un d'un danger imminent. On peut dire aussi qu'être sauvé, c'est ne pas être perdu. Quand on est perdu, on ne sait pas où l'on est, on a besoin de quelqu'un pour s'en sortir. Le salut est de cet ordre-là. Il est une sortie de la perdition par aveuglement. Cela revient souvent dans l'Evangile : les aveugles voient. Et à partir du moment où l'on y voit clair, on peut aller quelque part, dans un sens positif, dans le sens de la vraie vie. C'est en fait ce choix dont nous avons déjà parlé entre la vie et la mort. Si on choisit la mort on est perdu, on ne sait plus où l'on va, où l'on est. C'est une nuance assez différente de celle qu'évoque la condamnation. Sauver veut dire permettre de savoir où on est, qui on est, où on va... Telles sont les grandes questions de notre être au monde. Il s'agirait moins d'une espèce de sauvetage que de la découverte d'une direction, d'un sens, qui nous permette de vivre, qui nous fasse éviter la mort, même si nous avons à vivre des passages qui ressemblent parfois à des passages de mort.

Souvent on situe la question du salut par rapport au péché, et notre tentation c'est de considérer le péché comme une faute morale : je ne crois pas que ce soit une bonne manière de poser le problème. Saint Augustin dit que le péché c'est l'aveuglement, le bandeau sur les yeux. En hébreu, le terme qui est employé pour le verbe « pécher » signifie littéralement manquer la cible. Cela veut dire que le sens a été perdu ; on est tombé à côté. Le péché, loin d'être une simple faute morale qu'il faudrait rattraper, dont il faudrait sortir, serait plutôt une mauvaise et douloureuse conséquence de notre perception et de notre manière défaillante d'être au monde. Le péché nous perd en quelque sorte. J'ai fait l'expérience, étant enfant, d'être perdu dans une forêt, et j'ai éprouvé le sentiment extrêmement vif d'être dans un lieu de non-sens. Il y a quelque chose de cet ordre dans l'expérience du péché : on y perd le sens. Le salut advient quand la clarté est possible et quand le sens redevient perceptible et recevable.

Paroles pour le voyage...

Au terme de ce dernier entretien, je suis très émue par la façon dont vous parlez de ce Jésus si humain et si proche et de ce Christ tellement immense.

Jésus est proche, mais il est aussi totalement le Christ.

Nous avons beaucoup parlé de l'Evangile de Jean mais j'aime aussi celui de Marc et celui de Luc, notamment avec les propos tenus au cours de la Cène : « J'ai ardemment désiré manger cette Pâque avant de souffrir et jamais plus je ne la mangerai avant qu'elle soit pleinement réalisée dans le Royaume des cieux... » Il y a dans ce récit la perspective de notre destinée finale en Lui. Ce sacrement-là est donné pour le voyage, Jésus s'en va et nous partagerons définitivement la réalité de cette Pâque quand nous communierons en gloire. Je ne sais pas comment cela se passera mais cela me remplit d'espérance.

Je rêve d'un travail de réflexion à plusieurs pour dégraisser nos compréhensions alourdies de l'Evangile et du message du Christ, l'apôtre du Père. Une relecture qui produirait une radicale remise en cause de nos réflexes de « justes » tellement satisfaits ! Franchement Jésus doit être bien surpris de nous entendre parler de Lui comme nous le faisons parfois ! C'est ce qui me fait le plus peur. A l'heure de ma mort, la Vérité et la Justice m'apparaîtront sans fard et peut-être me dirai-je alors : « Tu t'es complètement trompé, tu n'as pas fait tout ce qui t'était demandé. » Non pas que je regrette d'être moine, mais je regrette de pas répondre suffisamment à cet appel exigeant qui nous pousse à un radical abandon de soi, prophétique. J'ai tenu ma place dans une institution dont nous sommes les héritiers, ai-je servi l'Evangile ? Oui pour une part, mais peut-être pas pour une assez grande part.

Table

DES MÊMES AUTEURS

DOM JEAN-PIERRE LONGEAT

Hautbois et orgue à l'abbaye de Ligugé, D. Jean-Pierre Longeat, hautbois ; Dominique Ferran, orgue. Coll. « Résonance », Studio SM, Paris 1995.

Hautbois et violoncelle à l'abbaye de Ligugé, D. Jean-Pierre Longeat, hautbois ; Emmanuelle Verger, violoncelle. DBA-Productions, 1999.

MONIQUE HÉBRARD

Les nouveaux disciples. Voyage à travers les communautés charismatiques, Le Centurion, 1978.

Dieu et les femmes, Centurion/Cerf, 1982.

Les femmes dans l'Eglise, Centurion/Cerf, 1984.

Un évêque français, Mgr Le Bourgeois, en coll. avec J.-P. Chartier, DDB, 1986.

Les nouveaux disciples dix ans après, Centurion, 1987.

Révolution tranquille chez les catholiques. Les synodes diocésains, Bayard, 1989.

Les charismatiques, coll. « Bref », Cerf, 1991.

Entre Nouvel Age et christianisme. 10 témoins racontent, DDB, 1994.

Femmes hommes, une nouvelle alliance, Mame/Plon, 1994.

La foi qui guérit. 15 témoins racontent, DDB, 1996.

De Mai 68 aux JMJ 97. Trente années vues par une journaliste catholique, DDB, 1998.

Prières glanées, avec Edmond Vandermeersch, Fidélité, 2002.

Les nouveaux convertis. Enquête sur ces adultes qui demandent le baptême, Presses de la Renaissance, 2003.

Participation à des ouvrages collectifs :

Dictionnaire de spiritualité, Beauchesne, 1993.

Guérir l'âme et le corps. Au-delà des médecines habituelles, sous la direction de Philippe Wallon, Albin Michel, 2000.

D'un siècle à l'autre. L'Evangile, les chrétiens et les enjeux de société, Semaines sociales de France, Bayard, 2000.

Pour vous qui suis-je ? Jésus sous le regard de nos contemporains, Editions de l'Atelier, 2000.

Pour vous qui est Jésus ? 43 témoins répondent, DDB, 2001.

Le livre des Sagesses. L'aventure spirituelle de l'humanité, sous la direction de Frédéric Lenoir et Ysé Tardan-Masquelier, Bayard, 2002.

Le Livre des Fêtes, à paraître.

Composition Nord Compo
Impression Bussière, octobre 2005
Editions Albin Michel
22, rue Huyghens, 75014 Paris
www.albin-michel.fr

ISBN 2-226-14908-2
N° d'édition : 23764. – N° d'impression : 053890/4.
Dépôt légal : novembre 2005.
Imprimé en France.